职业教育·综合素质培养系列读本

中职生素质教育活动教程

主　编　李智宁

副主编　翁海峰

参　编　张　好　任嘉丽　李　倩　朱明春
　　　　黄燕琼　梁倩雯　何双庆　黄　英
　　　　孙雨慧　梁剑云　陈　萍

机械工业出版社

中职教育的目的是培养高素质的劳动者，素质教育是中职教育的重要组成部分，加强中职生素质的培养已成为中职教育改革的大趋势。本教程以《中等职业学校德育大纲》为依据，以提高主题教育活动的有效性、促进学生素质的全面发展为出发点，由中职学校一线班主任编写而成。

本教程分为十二个单元，涵盖张扬自信、班级建设、职业理想、文明校园、人际交往、优秀品德、学会感恩、高效学习、学会生活、关爱生命、安全守法、民族精神等方面。教程编写充分体现开放性课程特点，通过精心设计的"学一学"、"做一做"、"写一写"、"读一读"、"议一议"、"看一看"诸多环节，能有效地激发学生的道德情感体验，使他们在潜移默化中受到教育，最终达到提高其综合素质的目的。

本教程可用做班会课教材、学生素质教育课教材。为了便于教师开展教学活动，本教程配有电子资源包，含有教程参考答案、教程应用视频、音乐及助教课件等。

图书在版编目（CIP）数据

中职生素质教育活动教程/李智宁主编. —北京：机械工业出版社，2014．9（2017.6 重印）
（职业教育综合素质培养系列读本）
ISBN 978-7-111-47163-9

Ⅰ．①中… Ⅱ．①李… Ⅲ．①素质教育—中等专业学校—教材 Ⅳ．①G711

中国版本图书馆 CIP 数据核字（2014）第 130194 号

机械工业出版社（北京市百万庄大街 22 号　邮政编码 100037）
策划编辑：聂志磊　责任编辑：聂志磊
封面设计：马精明　责任校对：黄兴伟
三河市宏达印刷有限公司印刷
2017 年 6 月第 1 版第 5 次印刷
184mm×260mm・16.5 印张・402 千字
标准书号：ISBN 978-7-111-47163-9
定价：39.80 元

凡购本书，如有缺页、倒页、脱页，由本社发行部调换

电话服务	网络服务
服务咨询热线：（010）88361066	机 工 官 网：www.cmpbook.com
读者购书热线：（010）68326294	机 工 官 博：weibo.com/cmp1952
（010）88379203	教育服务网：www.cmpedu.com
封面无防伪标均为盗版	金 书 网：www.golden-book.com

前言

主题班会教育活动作为学校体现集体教育的重要形式及素质教育的重要载体，它的状况直接影响到学生的个体生命价值。但是，也许是由于教师精力有限，也许是对主题班会教育活动的主要内容——道德、情感、智慧教育重视程度不够，目前，主题班会教育活动在开展过程中尚存在着随意性、零散性和突击性等不少问题，导致无法很好地发挥其在推进中职生素质教育方面应有的作用。而教育就是培养人的活动，离开了道德的教育是危险的教育，离开了情感的教育是失败的教育，离开了智慧的教育是缺乏创造活力的教育。为此，编者历时两年开展了“素质教育主题化，德育教育课程化”的教改项目研究，建立了系列化、立体化的中职生素质教育活动体系，编写了本教程。

本教程结合中职生身心特点和接受能力，遵循目的性原则（即一次活动一个主题，明确主题活动的教育意义和教育目的），主体性原则（即主题活动的开展始终以学生为主要活动者，教师是组织者、引导者、协调员）。在编写中力求做到深入浅出、寓教于乐、循序渐进，在内容、形式、方式等方面注重增强吸引力和感染力，有特色、有创新；将宏观的、抽象的、概念化的素质教育目标和要求转化为微观的、具体的、案例化的、情趣化的素质教育活动目标；将社会公民道德标准、健康人格标准、用人单位对员工的职业道德要求等转化为可操作的素质教育活动内容；将行政式的、指令式的德育组织形式转化为可设计、可实施、可评价的素质教育活动组织形式；将教育、教导式的素质教育实施活动转化为形式活泼、参与体验式的实施活动；并建立以参与度、成果化、实践性、知识性等为标准的素质教育活动评价方式，体现了素质教育可信、亲切、有用、快乐、浸润、无痕的特点。

本教程共设有十二个单元三十六个模块（主题教育活动），供中职学校教师在一、二年级开展班会课或主题教育活动使用。每个模块为一个完整的主题活动，建议活动学时为1～2学时。教师可根据教育时机灵活选择教程内容，可以连续完整地开展一个单元的活动，如新生入学可连续开展第一单元“张扬自信”、第三单元“职业理想”的6个活动；也可以适时选择某个单元其中的一个模块进行，如第七单元第一模块“感恩父母　拥抱亲情”主题教育活动可在5月份开展，第二模块“感恩老师　谁言寸草心，报得三春晖”主题教育活动可在9月份开展，第三模块“感恩社会　心系社会，感恩一切”主题教育活动可在临放假之前开展。

为了避免呆板枯燥的理论说教，本教程在设计中主要应用的呈现方式有：图片、影像、动画、音乐、游戏。这些丰富多彩的方式，能够刺激学生的多重感官，激发他们的学习兴趣，增强案例的说服力。本教程中设计了“说一说”、“想一想”、“辩一辩”、“看一看”、“听一听”、“做一做”、“查一查”等栏目，目的是充分调动学生的活动积极性，活跃气氛，提升学生自主探究的学习能力，提高教学的效率。

为方便教学，本教程配套了丰富的电子资源包（包括教程参考答案、教程应用视频、音乐及助教课件等），凡选用本书作为教材的教师均可登录机械工业出版社教材服务网（http://www.cmpedu.com）或联系编辑（010-88379196）免费索取，同时欢迎广大教师加入综合素质培养群（QQ 群：162078094）分享教学资料和教学经验。教师在使用电子资源包的过程中可根据本地区、本学校、本班学生的具体情况作适当调整，以达到更好的育人效果。

本书由南宁市第六职业技术学校李智宁任主编，翁海峰任副主编，参与编写的人员有陈萍、何双庆、黄燕琼、黄英、李倩、梁剑云、梁倩雯、任嘉丽、孙雨慧、张好、朱明春。由于编者水平有限，本教程难免存在缺点和纰漏之处，欢迎专家和广大读者批评、指正，以便进一步修订完善。

编　者

目　录

第一单元

张扬自信

模块一　角色转换　做一名自豪的中职生

模块二　认清自我　用心看自己

模块三　积极心态　积蓄力量，时刻准备着

模块一　角色转换

做一名自豪的中职生

活动导航

这两幅漫画反映了什么情况？

____

____

____

课堂小调查

1. 选择了中职，你后悔吗？请说明你的理由。

____

____

2. 选择了中职，你自豪吗？请说明你的理由。

____

____

活动设计

一、设计背景

中职生刚迈入中等职业学校的大门，需要尽快调整心态来适应全新的学习环境，学会正确认识自己的选择，树立自信，明确目标，为今后的学习生活作好准备。

二、活动目标

1. 引导同学们去了解中等职业学校的学习目标、学习任务，让同学们明确自己的学习目标和努力方向。

2. 培养同学们的自信心，激发同学们对学习专业技能的兴趣和热情，让同学们相信就读中等职业学校一样可以成才，实现梦想。

三、活动形式

感悟探究、小组讨论。

四、活动地点

教室。

五、活动准备

1. 同学们从图书报刊、广播电视和网络上搜集、查询有关中等职业学校优秀毕业生的故事。

2. 多媒体教学设备。

活动过程

一、读中职前途光明

读一读

中职生的出路四通八达

经济发达国家的经验表明，人才的培养和使用呈“金字塔”结构。据有关专家估计，21世纪所需要的大量人才是介于“白领”和“蓝领”之间的“灰领”，这就是既具有良好的理论素养，又能付诸实践的复合型、实用型人才。

中等职业教育既是对学生所掌握的文化基础知识进行筛选整合巩固的过程，也是将其所学知识运用于技术实践的过程，更是对其思想品德、社会交流、独立生存和自我发展等能力方面进行塑造的过程。中等职业教育突出“职业性”，着力培养学生的职业道德、职业技能和就业创业能力，为学生的职业发展作准备。中等职业学校的任务就是传授给学生一门赖以生存的手艺。实际上，人潜在的学习能力是巨大的，中等职业教育是不断地给不同层次的学生创造机会，给学生以自强的出路。当今社会对职业教育的需求不断扩大，中职生的发展空间更大，机会更多，出路也更广，除就业、深造、半工半读外，中职生还可以凭着过硬的本领自己创业。

说一说

根据《国家中长期教育改革和发展规划纲要（2010—2020 年）》制定的有关“增强职业

教育吸引力”的措施，说一说给中职生带来的好处。

《国家中长期教育改革和发展规划纲要（2010—2020年）》有关内容	给中职生带来的好处
逐步实行中等职业教育免费制度，完善家庭经济困难学生资助政策	
积极推进学历证书和职业资格证书“双证书”制度，推进职业学校专业课程内容和职业标准相衔接	
完善就业准入制度，执行“先培训、后就业”、“先培训、后上岗”的规定	
鼓励毕业生在职继续学习，完善职业学校毕业生直接升学制度，拓宽毕业生继续学习渠道	
提高技能型人才的社会地位和待遇。加大对有突出贡献高技能人才的宣传表彰力度，形成行行出状元的良好社会氛围	

小链接

为扩大职业教育的吸引力，从2014年秋季学期起，广西对所有中职一、二、三年级在校生全面免除学费，不分城乡。据初步估算，将惠及40万名中职学生。

此外，广西将对中职毕业升入高职院校就读的家庭经济困难学生给予学费补助，每人每年补助2000元；对到艰苦边远地区就业、服务期在3年以上以及服兵役的高职院校毕业生，广西将实行学费补偿或贷款代偿政策，减轻职校学生经济压力。

为提升职业教育在扶贫富民方面的作用，广西提出“定点精准教育扶贫”，享受城乡居民最低生活保障家庭的学生，政府将从小学开始对其全程跟踪，在免费九年义务教育基础上考上高职后，政府继续给予学费补助，实现“上学一人、就业一个、脱贫一家”。

二、一技在身胜握千金

鲁迅先生曾告诉我们：“路，是自己走出来的！”选择中职，并不意味着失败；相反，这是迈向成功之路的第一步。许多中职生在校期间努力学习一技之长，毕业后在各行各业成为了行业的技术高手，捧起了“金饭碗”，他们用自己的成功告诉我们：读中职，一样可以为自己开辟一条成才的道路，中职生一样有出息。

读一读

裴先峰，1990 年出生，毕业于中国石油天然气第一建设公司技工学校焊接专业，现任职于中国石油天然气第一建设公司。2009年8月，年仅 19 岁的裴先峰参加了国家重点工程——甘肃庆阳石化 300 万吨/年炼油装置的施工，高质量完成了关键设备的安装任务。2011年10月5日至8日，裴先峰代表国家参加在英国伦敦举行的第41届世界技能大赛，与来自51个国家的944名顶级选手展开激烈角逐。经过 22 个小时的比赛，裴先峰沉着冷静地完成了 8 个试件。他的试件质量优秀，赢得 30 名国际裁判的一致好评，高分夺得银牌，这个骄人的成绩与 4 年前就投入赛前特训的韩国金牌选手仅差 3 分。裴先峰也由此成为 60 多年来在这项被誉为“技能奥林匹克”的大赛中第一个获奖的中国人。

李伟国，男，1992 年出生，毕业于广东省机械高级技工学校。2012 年 6 月，李伟国获得第 42 届世界技能大赛塑料模具工程项目广东选拔赛第一名，2012 年 8 月获得第 42 届世界技能大赛塑料模具工程项目全国选拔赛第一名。他在 2012 年 10 月参加广东卫视“技行天下”竞赛获得冠军，并在 2012 年 12 月获得“第七届广东省十佳青年”称号。2012 年 8 月，李伟国在塑料模具工程项目全国选拔赛上以优异成绩顺利入选国家集训队，进入第 42 届世界技能大赛塑料模具工程项目中国集训基地——广东省机械技师学院进行集训。集训期间，他通过了层层选拔，最终被确定为塑料模具工程项目正式参赛选手。2013 年 7 月，李伟国代表国家参加在德国莱比锡举行的第 42 届世界技能大赛，获得塑料模具工程项目优胜奖。

肖清雄，男，1986 年出生，大专学历，从业 7 年，来自广东省粤北山区的农民家庭。肖清雄 17 岁到韶关第二高级技校学机电。工作之余，他相继考取了高级电工、电工高级技师。2012 年，他参加广东卫视“技行天下”竞赛机电一体化技术员决赛，一举夺冠。他还获得广东省技术能手、深圳市技术能手、广东省五一劳动奖章、广东省“五四”青年奖章等荣誉，现任深圳市康灿科技有限公司副总工程师，年薪 15 万元。

何秀文，1989 年出生，高级西点技师，从业 8 年。何秀文来自山东菏泽的一个贫困家庭，初中毕业后，家里无力继续供她读书。当时，山东省正好有一个为贫困学子提供免费技能培训的扶贫计划，她抓住了这次机会，来到了山东省劳动保障厅服务技工学校学习烹饪中式面点。她很勤奋、刻苦，练就了扎实的技能水平。在 2012 年广东省西式面点师职业技能大赛和广东卫视“技行天下”糖果/面点制作大赛中，何秀文力压中国大酒店等星级酒店的师傅，获双料冠军，同时也获得了广州市户口。何秀文现就职于广州半糖煮题连锁面包店，担任面点总监，目前月薪超过 5000 元。

陈庆城，男，36岁，来自广东省梅州丰顺山区一个贫穷的农村家庭。1996年，陈庆城从广船技校毕业后进入广船国际压力容器事业部当电焊学徒工。他熟练地掌握了手工焊、CO_2焊、氩弧焊、埋弧焊、电渣焊、SG2焊等，并通过不断实践总结编写了SG2焊焊接作业指导文件《GSI-WPS-SG2-1》。他还摸索出一套提高船体大合拢接缝CO_2焊X光拍片合格率的技术，每年为公司节约焊材成本和劳务费几百万元。凭借实力，陈庆城获得了第十届“全国技术能手”、“广州市劳动模范”称号、全国技术能手等国家及省市多项荣誉称号。2006年，他入选国家轻工部高技能人才库和国防科工委、“511人才工程”高技能人才库。

说一说

上述中职生取得的成功说明了什么？给我们什么启发？

____

____

议一议

这幅漫画反映了什么现象？你是如何看待的？

____

____

____

三、我选择我自豪

人世间的一切幸福都是要靠辛勤的劳动来创造的，通过学习技能，用自己勤劳的双手才能创造幸福的未来。如今我国正处在社会经济快速发展时期，社会对人才的需求不再是曾经的唯学历论，而是更注重个人的实际能力。因此，拥有一技之长不仅可以使自己在社会竞争中立于不败之地，还可以改变自身的命运，实现人生价值。选择中职，学习一技之长，成为社会急需的实用型、技术型人才，每一个人都应该为自己的选择感到自豪。条条大路通罗马，每一位同学都应该告别迷茫和彷徨，自信满满地站在新的起跑线上，奋勇向前！

读一读

- 发光并非是太阳的专利，你也可以让你的人生煦煦发光。
- 每天告诉自己一次，“我真的很不错”。
- 不论你在什么时候开始，重要的是确定目标开始之后就不要停止。
- 有理想在的地方，地狱就是天堂。有希望在的地方，痛苦也成欢乐。
- 所有的胜利，与征服自我的胜利比起来，都是微不足道的；所有的失败，与失去自我的失败比起来，都是微不足道的。
- 觉得自己做得到和做不到，其实只在一念之间。
- 人只要不失去方向，就不会失去自我!
- 当你能飞翔的时候就一定不要放弃高飞的梦想。

做一做

请同学们根据自己的实际情况，制订一个中职学习规划表。

中职学习规划表

我理想的职业		
我选择的专业		
我的优势		
我的劣势		
我的目标	最终目标	
	第一阶段目标	
	第二阶段目标	
	第三阶段目标	
我的励志格言		

选择天空，让青春自由翱翔；选择奋斗，让青春放声歌唱；选择了一种职业，让青春在汗水的浸润中挥洒希望，也让生命在青春的收获中铸就辉煌！同学们，为你们的选择感到自豪吧，向更高的目标奋进吧！

活动感言

____

____

____

活动延伸

以班级为单位，开展主题为“做一名自豪的中职生”演讲比赛。

模块二　认清自我

用心看自己

活动导航

俗话说：“人贵有自知之明。”古希腊建筑在帕尔纳索斯山陡峭的斜坡上宛如舞台形状的供奉阿波罗神的德尔斐神殿中，铭刻着一则箴言：“认识你自己！”这则古老的神谕是古希腊人长久历史生活感受的凝结与表达，古希腊人把它看做是人的最高智慧，这说明要正确认清自我、了解自我是多么不容易啊！你是怎样的一个人？你了解你自己吗？请根据自己的实际情况来写一写。

我是一个________________________________的人。

活动设计

一、设计背景

进入中等职业学校，同学们的学习和生活环境发生了很大变化，有的同学不能很好地适应，产生了心理落差，影响到正常的学习生活。针对这种情况，帮助同学们树立自信，发现自己的价值与潜能，尽快适应中职生活就显得尤为重要。

二、活动目标

1. 提高同学们学习的兴趣，缓解日常学习中的压力与焦虑情绪。
2. 使同学们相信自己的潜能与价值，树立自信，努力学习。
3. 使同学们学会正确认识自我，肯定自我，欣赏自我。

三、活动形式

朗诵、设置情景、感悟探究、小组讨论、课堂小游戏。

四、活动地点

教室。

五、活动准备

1. 多媒体教学设备。
2. 秒表、圆球、水杯、回形针。

活动过程

一、天生我材必有用

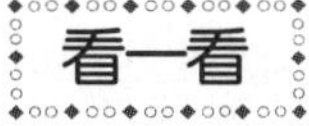

观看视频《活出生命的精彩》

【见电子资源包“第一单元”→“模块二”文件夹。】

尼克·胡哲（Nick Vujicic），1982年生于澳大利亚的墨尔本，天生没有四肢，这种罕见的现象在医学上取名为“海豹肢症”。尼克只有躯干和头，就像一尊残破的雕像，他所能利用的身体部位只有一个长着两根脚趾的小脚。虽然只有两个脚趾，却已经足够他用来敲键盘、发短信、夹着笔写字了。他一分钟能够用脚趾敲出43个字，操作起手机来更是与常人无异。13岁那年，尼克在踢足球时曾经折断过小脚，受伤之后他几乎什么也干不了，这使他意识到自己所拥有的脚趾是多么珍贵。尼克说：“我喜欢各种新挑战，例如，刷牙，我把牙刷放在架子上，然后靠移动嘴巴来刷，有时确实很困难，也很挫败，但我最终解决了这个难题。我们很容易在第一次失败后就决定放弃，生活中有很多我没法改变的障碍，但我学会了积极地看待，一次次尝试，永不放弃。”很难想象，一个没有四肢的人在生活中要克服多少障碍，尼克的生活却完全能够自理，例如独立行走、上下楼梯、下床洗脸、刮胡子、打开电器开关、操作计算机、用嘴叼着笔写字，他还能游泳、冲浪、打鼓、打高尔夫球甚至踢足球。没有四肢，并不妨碍尼克完成学业，他没有去那些专为残障人设立的特殊学校，而是和普通人一样求学。凭着自己的努力，2003年他完成了大学的学业并获得了会计与财务规划双学士学位。2005年，他获得“澳洲年度青年”称号。2008年，他创办了国际公益组织“没有四肢的生命”，并担任总裁及首席执行官。

尼克虽然没有健全的四肢，但是有一副好口才和一个聪明的大脑。在尼克19岁的时候，他打电话给学校，推销自己的演讲。在被拒绝52次之后，他获得了一个5分钟的演讲机会和50美元的薪水。从此，他的演讲生涯开启了序幕。尼克的嗓音富有磁性，思路清晰，语言幽默，最关键的是他有与众不同的人生经历可以与别人分享，给所有人坚持下去的力量。在多年磨炼中，他具备了异常坚韧的心智和丰富的阅历。这些精神上的素养完全弥补了肉体上的缺陷，帮助尼克超越了大多数健全的人，取得了非凡的成就。如今，他已经在全球34个国家进行了超过1500场的演讲，每年要接到超过3万个来自世界各地的邀请。所有看过他的视频或听过他演讲的人，都无不发自内心地诚服于这个曾被预言“永远得不到爱”的人。尼克已经成为世人心目中与命运顽强斗争的象征，或者说，一尊活的雕塑。

说一说

尼克为什么能够获得成功？他的故事对你有什么启发？

____

____

____

与尼克相比较，你拥有的什么是最值得珍惜的？

____

____

____

____

小链接

尼克·胡哲的人生语录

我没有手脚，但我很感恩还有这只“小鸡腿”……叫它小鸡腿，是因为有一次我家小狗误以为它是鸡腿差点吃了它。

有人问我，你觉得自己是这世界上最快乐的人吗？我说是的。我对人生的三个真谛——价值、目标、宗旨都很清楚，我知道我要往哪里去，所以我很快乐。无论怎样，满足于你所拥有的，比如我就很珍惜我的‘小鸡腿’，不要放弃，爱别人，每天向前走一小步，你一定可以完成人生的目标。

人生最可悲的并非失去四肢，而是没有生存希望及目标！

真正改变命运的，并不是我们的际遇，而是我们的态度。

就算环境不能改变，但你却可以改变自己的心。

二、扬长避短，提高自己

扬长避短是对自身的肯定。一个人不可能什么都会，肯定会有自己的优势和弱势。聪明的人往往懂得避开自己的弱势，发挥自己的优势。中国飞人——刘翔曾经是一位默默无闻的跳高运动员，无论怎么努力，却总是难以突破。然而，与一般跳高运动员不同的是，他奔跑的速度同样出色。后来，他被一位跨栏教练相中，基于他的优势，更着眼于中国田径的未来，教练让他转行练习跨栏。高度与速度一旦结合，便在他身上激发了无限的潜能，他不仅冲出了亚洲，而且还夺得了奥运会的金牌，甚至创造了新的跨栏世界纪录。没有谁可以十全十美，发挥自己的优势，其实就是对自身的一种肯定，肯定自己在这方面有特长，肯定自己一定能行。正是因为扬长避短，刘翔发挥了自己的优势，勇于挑战未来，从而创造了中国田径的辉煌。因此，只有学会扬长避短，将优点放大，将缺点缩小，我们才能不断提高自己。

说一说

木桶原理：一个木桶的容水量不取决于桶壁上那块最长的木板，而取决于最短的那块木板，要使木桶能装更多的水，就要设法改变这块木板的现状。这个原理给你带来什么启示？

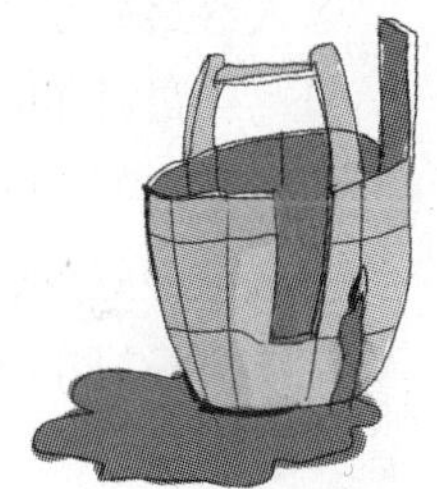

作为一个人，不可能尽善尽美，难免都存在着这样或那样的“短板”。面对自身“短板”，是消极回避遮遮掩掩，还是直面问题以求改进，往往考验着一个人的人生态度和生存智慧。前者只会让短处和缺点越来越多，最终掩盖长处和优点，不仅严重制约自己的成长进步，而且还可能贻误自身的发展；后者则会让自己在揭短中开阔胸襟，在补短中完善自我，从而提高综合素质，最终成就一番事业。毫无疑问，明智的人会选择后者，及时补短，克非改过。

写一写

我现在的特长表现在：

我的不足之处表现在：

我所学的专业可以发展哪些方面的特长？

为了提升自己，我将从哪些方面做起？

评一评

评选班级之最

“之最”要反映班上同学的爱好特长、性格特征，避免评选因遗传因素导致的“之最”，如最高、最矮、最漂亮、最丑等。

最快乐的——

最坚强的——

最热心的——

人缘最好的——

写作最好的——

口才最好的——

唱歌最好的——

跳舞最好的——

读一读

欣赏自己

也许你想成为太阳，可你却只是一颗星辰；
也许你想成为大树，可你却只是一棵小草；
也许你想成为大河，可你却只是一泓山泉；
于是，你很自卑。
很自卑的你总以为命运在捉弄自己。
其实，你不必这样：
欣赏别人的时候，一切都好；
审视自己的时候，却总是很糟。
和别人一样，
你也是一片风景，
也有阳光，
也有空气，
也有寒来暑往，
甚至有别人未曾见过的一棵春草，
甚至别人未曾听过的一阵虫鸣……
做不了太阳，就做星辰，在自己的星座发热发光；
做不了大树，就做小草，以自己的绿色装点希望；

做不了伟大，就做实在的自我，
平凡并不可卑，关键的是必须做最好的自己。
不必总是欣赏别人，
也欣赏一下自己吧，
你会发现，天空一样高远，
大地一样广大，自己与别人有一样的活法。
走向超越只有靠你自己。

同学们，正如一句名言所说：“既然生活创造了我，我就不是多余的。”我们每个人都作为一个独特的个体存活在这个世界上，都有自己独特的价值和意义，每个人特点不同，各有所长，各有所短，既然创造了不一样的人，就要以不同的方式充分利用自己的长处。现在我们选择了适合自己的专业来学习，也要发挥自己的专长，争取学有所成。

三、发掘潜能，超越自我

同学们，人是不断变化发展的，我们需要用全面、发展的眼光看待自己，那么我们就需要经常检查自己，努力保持和发挥优势，但我们的优势怎样才能更好地发挥出来呢？我们有这样的能力吗？我们需要用心看自己，去发现自己的潜能，超越自我。

试一试

演示活动：一杯水的容量

盛一杯水，清澈见底，水位线距离杯口仅有两毫米。请两位同学将回形针一个一个地放进这杯水里，数一数这杯看起来已经满了的水可以容纳多少个回形针。

1. 水杯明明就已经装满水了，为什么还能够放下这么多回形针呢？将回形针放到杯子里又有什么更好的办法呢？

____

____

____

2. 从这个游戏里，你们发现了什么？《演示活动：一杯水的容量》给你带来什么启示？

____

____

____

一杯水明明看着已经很满了，但仍有容纳上百个回形针的空间。我们总是习惯性地为自己设限，过高地估计困难的程度，而低估了自身的潜能。确实，平时我们在遇到问题时太容易向困难低头，我们应该尽量试一下，而往往就是“这一下”会使我们有一个质的飞跃。

做一做

游戏：传递圆球

【游戏规则】

1. 将学生分成三组，每个小组约 15 人，分别配有 1、2、3 号球。

2. 游戏要求：将球按 1、2、3 号的顺序从发起者手里发出，最后按此顺序回到发起者手里。在传递过程中，每一个人都必须触及到球，所需时间最少者获胜。

3. 如果球掉在地上一次，则在最终成绩上额外加 10 秒。

注意事项：

1. 游戏开始之前，先让学生们猜测用时。

2. 游戏开始，学生们将球一个接一个地向后传递，记下三组的成绩，例如用时分别为 50 秒、45 秒和 30 秒。

3. 教师向所有小组发出挑战："有没有更好的办法让时间变得更短些？这个游戏的最好成绩为 8 秒。"

【游戏体验】

在这个游戏中，你有没有尝试去改变自己，去突破自己？你是如何做到的？

____

____

____

当一件看似不可能的事情摆到我们面前时，这种"不可能"的心理定势使每个人都会想到放弃。但很多事情做了才能成功，放弃了则会永远失去获取成功的机会。我们应树立一个超越自己的目标，相信自己，不懈努力，赢取更多进步和成功的机会。

小链接

人的潜能有多大

潜能是指一个人身体、心理素质等方面存在的发展可能性，即潜在的能力。人至少有七个方面的潜能：语言、音乐、数理逻辑、空间、身体运动、人际交往、自我认识潜能。

正常人的脑细胞约 140 亿至 150 亿个，但只有不足 10%被开发利用，其余大部分处在休眠状态。而人在 30 岁以后每天脑细胞以十万个的速度死亡，虽然这对大脑 150 亿脑细胞来说是微不足道的，但如果死亡的是已开发的、有功能的脑细胞，必然影响脑效能，人会变得迟钝呆板。我们有 90%多的大脑潜能尚待开发与利用，即使像爱因斯坦这样的科学精英的大脑开发程度也只达到 13%左右。前苏联学者伊凡叶夫里莫估计："人类平常只发挥了极小部分的大脑功能，如果人类能够发挥大脑一半的功能，将轻易地学会 40 种语言，背诵整本百科全书，拿到 12 个博士学位。"按照这样的理解，开发大脑潜能，让自己变得更加聪明并非天方夜谭。

同学们，世上每个人都是不同的个体，而在我们每个人身上也都蕴藏着一份特殊的才能，这份才能犹如一位熟睡的巨人，等着我们去唤醒它。上天绝不会亏待任何一个人，会给我们无穷的机会去充分发挥所长，只要我们能够用心审视自己，必将发现一个崭新的自己，你就会发现一切皆有可能。

活动感言

____

____

____

活动延伸

课后查找资料，结合自己的实际情况，谈谈现实生活中我们应该怎样发掘自己的潜能，从而提高自己的学习呢？

____

____

____

模块三 积极心态

积蓄力量，时刻准备着

活动导航

欣赏歌曲《隐形的翅膀》

【见电子资源包“第一单元”→“模块三”文件夹。】

每一次，都在徘徊孤单中坚强；每一次，就算很受伤也不闪泪光。我知道，我一直有双隐形的翅膀，带我飞，飞过绝望。不去想，他们拥有美丽的太阳，我看见，每天的夕阳也会有变化；我知道，我一直有双隐形的翅膀，带我飞，给我希望。……

同学们，你是怎样认识和理解困难的呢？《隐形的翅膀》这首歌给我们带来什么启迪？

____

____

活动设计

一、设计背景

积极的心态是获得成功的关键，人生路上难免会碰到困难，遇到挫折，经历失败，然而不少同学面对挫折和失败时会困惑、迷茫，变得自卑、消极。同学们需要学会面对困境，在逆境中学会调整心态，正确看待挫折和失败，培养自信、乐观的积极心态。

二、活动目标

1. 引导同学们正确面对逆境，学会调整目标和心态。

2. 培养同学们自信、乐观的积极心态。

三、活动形式

感悟探究、小型辩论会、小组讨论。

四、活动地点

教室。

五、活动准备

多媒体教学设备。

活动过程

一、面对困境，调整心态

人生如一首悲喜交加的交响曲。人生旅途中既有获得成功的幸福，也有遭受挫折的痛苦；既与鲜花掌声相伴，又与伤痕泪水相随。人生在世，或喜或忧，或高或低，都是正常的事，关键在于我们能否直面相对。面对困境，调整心态，笑对人生，成功时才能拥有真正的快乐，失败时才不会就此沉沦。

小故事

美国的励志大师拿破仑·希尔曾经讲过这样一个令人醒悟的故事：赛尔玛陪同丈夫驻扎在一个沙漠中的陆军基地里，丈夫经常外出演习，她一个人留在陆军的小铁皮房子里。塞尔玛想找人说说话，可是基地周围都是不懂英语的墨西哥人和印第安人，又没有人和她聊天，塞尔玛觉得一个人待在这间闷热的铁皮屋里面就好像坐牢一样。她很难过，写信对父母说："我在这里很寂寞，找不到可以和我说话的人，找不到可以让我快乐的事情来做，我像被困在牢房里一样，我想回家去……"

塞尔玛的父亲给她回了一封信，信中只有两行字，但这两行字却永远留在她的心中，并改变了她的生活，这两行字是什么呢？"两个人，从牢中的铁窗望去，一个看到泥土，一个却看到了星星。"

从此，赛尔玛决定在沙漠中找到自己的星星，她观看沙漠的日落，寻找到几万年前留下的海螺壳，她和当地人交朋友，互送礼物，她研究沙漠中的植物、动物，又学习有关土拨鼠的知识，她把原来认为最恶劣的环境变成了一生中最有意义的冒险，并出版了一本书《快乐的城堡》，她从自己的牢房中望去，终于望到了自己的星星。

说一说

塞尔玛面临什么样的困境呢？她是如何克服的？这个故事给你的启迪是什么？

____

____

____

心态是一个人面对生活所产生的心情及自己对生活采取的态度，可以分为积极心态和消极心态。同学们说一说，哪些是积极心态，哪些是消极心态？

积极的心态有：______________________________

消极的心态有：______________________________

辨一辨

下列的情景中，你认为是积极心态的，请在后面打“√”，你认为是消极心态的，请在后面打“×”。

1. 周末下午，我正在家里上网，突然停电了，我会想：

A. 真倒霉，好不容易盼到周末可以上网却停电了，没心情做别的事了。（　　）

B. 今天天气不错，既然在家上不了网，那我干脆就约几个同学一起到球场打球吧。（　　）

2. 今天上课老师讲的一个重要问题我没弄懂，我会对自己说：

A. 我太笨了，学不会。（　　）

B. 继续认真听，不懂的下课问老师。（　　）

3. 自习课周围很多同学在说话，我会：

A. 心烦意乱。（　　）

B. 排除干扰，专心学习。（　　）

4. 体育课在练习跑 800 米时，我会对自己说：

A. 太累了就不要勉强自己，反正也有同学和我一样跑不了 800 米。（　　）

B. 无论如何，我都不能放弃，我一定要坚持跑完 800 米。（　　）

5. 我正在写作业，妈妈叫我去扫地，我会认为：

A. 真烦人，打扰我学习。（　　）

B. 正好，劳逸结合。（　　）

同学们，当人遇到困难时，消极的心态会让你退缩，并陷入悲观的深渊，积极的心态则使你乐观，并能获得成功的喜悦，可见成功与否很大程度上取决于一个人心态的好坏。成功人士的首要标志在于他的心态。一个人如果心态积极，乐观地面对人生，乐观地接受挑战和应对困难，那他就成功了一半。

二、主动积极，走出困境

困境也是一种成长。有的人在困境中跪倒在地，哀怨叹息；而有些人则会非常阳光地发现自己真正的强项。

小故事

有一个女孩对父亲抱怨自己的生活，抱怨事事都那么艰难，一个难题解决了，另一个难题又冒了出来。她的父亲是一名厨师，他先往三口锅里倒入水，然后往第一口锅里放入胡萝卜，往第二口锅里放入一只鸡蛋，往第三口锅里放入粉状咖啡豆。女儿不耐烦地撇撇嘴。

20 分钟后，父亲取出了这三样食物，认真地对女儿说：这三样东西面临着同样的挑战——煮沸的开水。但反应却各不相同：胡萝卜入锅前是坚挺的，但进入开水后变软了；鸡蛋原来是易碎的，是薄薄外壳保护着的液体，但开水一煮，它的内脏变坚强了；而粉状咖啡豆则很独特，进入沸水后，它们竟改变了水的颜色和性质。“哪个是你呢？”父亲问女儿，“当遇到逆境和挑战时，你会是胡萝卜、鸡蛋还是咖啡豆?”这位女儿无言以答。

说一说

面对同样的问题，你该如何选择和回答呢?说出你的理由及想法。

____

____

____

写一写

仿照例句，写下一段自勉的话。

例句：无法改变风向，可以调整风帆；无法左右天气，可以调整心情。如果事情无法改变，那就去改变观念。

自勉的话：____

____

____

小链接

面对困境自我调整的方法

人总有处于困境的时候，当你感觉你正在被一些问题所困扰时，不妨试试下面的方法，也许会有所帮助。

确定几件你认为一生中最有价值的事情，然后专心去做。

对于某种不能改变的事实全心地接受它。

相信人是可以改变的，若要改变别人，需先试着改变自己。

确信任何痛苦和逆境都是有意义的，并且尽量去找出它们的意义。

不要求全，部分的美也是美。

拒绝那些盘踞在心头的毁灭情绪。

对原来引起你某种不良情绪的刺激，试作不同的解释。

不强求、不追悔，凡事试着顺其自然。

不要放弃对美好事物的渴望，有希望才会有动力，有动力就要有行动。

勇于行动和尝试。

三、积蓄力量，等待时机

同学们，如果你们留心过燕子飞行的过程，就会发现它们也是呈弧线飞行的，每次高飞前总是要向下滑落一段，然后再奋力向上飞。燕子为什么每次高飞前都要先下滑一段呢？那是因为燕子在下滑的过程能够积蓄力量，是为了下一次飞得更高、更远作准备。因此，当你遇到困境时不要抱怨，而是要积蓄力量，增长实力，等待时机来临时大展身手，振翅高飞。

小故事

故事一：美国黄石公园里最常见的一种松树叫“屋梁松”，其松塔的鳞片结构特别紧密，挂在树上好几年也不会脱落，即使落在地上，也不会张开。只有在强大的高温作用下，这些鳞片才会绽开，释放出种子。

夏末秋初的时候，天气干燥，降水很少，森林很容易发生火灾。在山火来临时，树林被熊熊烈焰吞噬，在大火的炙烤下，屋梁松松塔的鳞片绽开了，释放出储备已久的种子。这些种子在坚固的种皮保护下，平安躲过了山火的肆虐。山火过后，被烧过的动植物为土壤留下了丰富的养分。由于没有其他树木的竞争和遮蔽，第二年春季，在一片灰烬中，这些屋梁松松塔的种子率先破土而出，不久漫山遍野全长满了屋梁松幼苗。由于每次火灾过后，屋梁松总能最早占领“地盘”，它们渐渐成为黄石公园里分布最广的树种之一。

屋梁松的启迪：

时机未成熟时，请不要为怀才不遇而懊恼，也不要怨恨环境的束缚。这些或许是你生命中的松塔，在帮你积蓄力量、等待最适合的时机。只要拥有希望的种子，总有一天，你蓄积的精华将在熊熊烈火中迸发，你将会是废墟中第一个站起来的“屋梁松”。

故事二：在植物界有一种等待年代极为长久的种子，那就是古莲子。1952年我国科学家在地下泥炭层中发现了一些古莲子，科学家采用同位素 C-14 地质年龄测试方法测得这些古莲子的寿命在835~1095年之间。第二年，科学家将这些古莲子种在位于香山脚下的北京植物园中。没想到这些沉睡了千年的古莲子的发芽率居然达到 90%以上，并于两年后的 1955年夏开出了淡红色的荷花。它们才是真正做到“千年等一回”的强者，这种顽强的生命力真让人肃然起敬。

古莲子的启迪：

从这些古莲子身上，我们发现，等待也是一种强韧的生命状态。生命需要等待，等待也是积蓄力量、储备能力的过程。古莲子并没有睡着，一旦遇到生长的条件，它们就会绽放出生命中最美丽的花朵。

说一说

读了这两个故事，结合自己的实际情况，谈谈你应该如何在中职学习期间积蓄力量，接受社会的挑选。

____

____

____

____

同学们，有时候等待是为了积蓄力量，再次飞翔。等待必须要有坚强的意志力，要对心中的等待有信心、有恒心、有耐心。学会等待，严冬过去便是春天，山重水复疑无路，柳暗花明又一村。相信积蓄力量，时刻准备着，我们将会心想事成，实现梦想。

活动感言

____

____

____

____

活动延伸

将下面这段话制作成一个书签用来激励自己。

每一条河流都有自己不同的生命曲线，但是每一条河流都有自己的梦想——那就是奔向大海。不管你现在的生命是怎么样的，一定要有水的精神。像水一样不断地积蓄自己的力量，不断地冲破障碍。当你发现时机不到的时候，把自己的厚度积累起来，当有一天时机来临的时候，你就能够奔腾入海，成就自己的生命。

——俞敏洪《树的形象与水的精神》

第 二 单 元

班级建设

模块一　组建班级　班级这棵树

模块二　团队精神　团结合作，互相帮助

模块三　服从意识　服从只为更大的荣誉

模块一　组建班级

班级这棵树

活动导航

同学们从这张图片中得到了什么启示？赢得一场拔河比赛需要哪些必备因素？

____

____

____

活动设计

一、设计背景

组建和谐班级需要每个同学的共同努力。班级是一棵正在茁壮成长的“大树”，每位同学都是这棵树上的一个“枝杈”。这棵“大树”不仅仅是一个集体，同时也是班级中的每一个人。

二、活动目标

1. 引导同学们理解班级的含义和重要性。

2. 让同学们认识到个人和班级的相互作用，了解自己对于班级的意义所在。

3. 激发同学们的班级意识，进而凝聚每一个同学的向心力，组建一个友爱互助、团结一心、和谐美好、携手共进的大家庭。

三、活动形式

感悟探究、小组探讨、游戏体验。

四、活动地点

教室。

五、活动准备

1. 多媒体教学设备。

2. 3~5 个气球。

3. 乒乓球拍，乒乓球。

4. 一张海报纸，提前用马克笔写上标题“班级公约”。

活动过程

一、“我”眼中的班级

班级，就是我们共有的一个家。她把我们凝聚成了一个整体，把我们紧紧联系在一起，心往一处想，劲往一处使。我们在这里一起汲取知识，一起收获友谊，一起播撒种子。她不仅仅记录了我们的欢声笑语，同时也收藏了我们的汗水与泪水。她给了我们一个认识彼此的机会，给了我们一起奋斗的勇气，给了我们一份不灭的情感，给了我们一起成长的乐趣。

所谓班级，是一颗急需灌溉的种子。每一个人都是巧手花匠。班级在我们的悉心灌溉下发芽成长。终有一天，她会成为一棵参天大树。到那时，我们会发现她早已融入到我们的生活和学习之中。我们对她有一份责任。

说一说

同学们经历了幼儿园、小学、初中，在不同的成长阶段都有一个属于自己的班级，请大家说一说在我们成长中班级对于自己的意义，自己在班级中的收获以及自己在班级中看到或者亲身经历的难忘的事情。

二、班级的力量

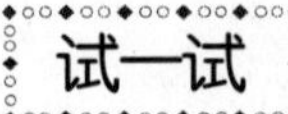

游戏："球"不落地

【游戏规则】

1. 根据班级的人数，将同学们分组，10 人为一组最宜。

2. 比赛顺序是每个小组依次进行比赛。

【游戏方法】

先请第一组同学起立，站成一排，第一个同学将吹好的气球抱在怀里。由老师发布命令之后，第一个同学将气球抛到空中，把气球往第二个同学的上空吹去。第二个同学将气球吹往第三个同学的上空，以此类推进行接力，直至吹到第九个同学的上空。第九个同学和第十个同学不用去吹气球，两个同学要抱在一起，等两人接到落下的气球后方可结束比赛。（注意：第九个和第十个同学不能用手接气球，接到气球前抱在一起不能散开。）

【评判标准】

在每个小组都完成比赛的情况下，以时间最短的小组为胜。如果每个小组都没有完成比赛，那么以最长的距离为胜。（如第一组吹到了第七个同学的上空后落地，第二组吹到了第六个同学的上空后落地，第三组完成比赛。那么排名顺序就是第三组、第一组、第二组。）

【游戏体验】

请你结合游戏感悟谈谈在班级建设中应具备哪些品质，应如何培养这些品质。

____

____

____

三、组建班级

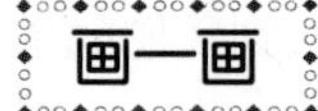

我们的"树"

【画图规则】

老师在黑板上画出几棵大树的树干，给每个小组分配一个树干。

同学们针对"什么构建了班级"为主题进行小组讨论。讨论结束后由小组代表上台，在属于自己小组的"树干"上添枝加叶。

每添加一根枝杈要说出添加的理由。例如，添加一根"纪律"的枝杈，其理由是：一个班级要想更好地建设和发展，必须要有一个良好的纪律。又如，添加一根"学风"的枝杈，其理由是：一个优秀的班集体需要一个良好的学习氛围。

3. 老师和同学们共同根据各个小组成形的“小树”汇总整个班级的“参天大树”。

议一议

我们的“班级公约”

班级建设与管理需要每个同学积极参与，请同学们提出自己的看法和意见，共同制定我们的“班级公约”。

1. 老师引导同学们针对最后成形的“参天大树”进行小组讨论。讨论主题是“如何使大树更好成长”。由小组代表提出自己小组的建议和有效的实施措施。

比如，“大树”的其中一根枝杈是“文明礼貌”，可以拟出一条“班级公约”为：同学见了老师要主动问好。再如，其中一根枝杈是“班干部”，可以拟出一条“班级公约”为：班干部要认真解决每一位同学的问题，对每位同学负责。

2. 老师将写有“班级公约”的海报贴在黑板上，待所有小组代表发言完毕后，带领同学们挑选最为合适的措施，摘抄到班级公约之上，全班可一起朗读。（班级公约要结合自己班级的实际情况制定。）

活动感言

____

____

____

活动延伸

全班同学学唱《好大一棵树》，感受大树的力量。

【见电子资源包“第二单元”→“模块一”文件夹。】

头顶一个天，脚踏一方土，风雨中你昂起头，冰雪压不服，好大一棵树，任你狂风呼，绿叶中留下多少故事，有乐也有苦……

模块二　团队精神

团结合作，互相帮助

活动导航

小故事

从前，有两个饥饿的人得到了一位长者的恩赐，一根渔竿和一篓鲜活硕大的鱼。其中，一个人要了一篓鱼，另一个人要了一根渔竿，于是他们分道扬镳了。得到鱼的人原地就用干柴搭起篝火煮了起来，他狼吞虎咽，还没有品出鲜鱼的肉香，连鱼带汤就被他吃了个精光。不久，他便饿死在空空的鱼篓旁。另一个人则提着渔竿继续忍饥挨饿，一步步艰难地向海边走去，可当他已经看到不远处那片蔚蓝色的海洋时，他最后一点力气也使完了，他只能眼巴巴地带着无尽的遗憾撒手人间。

又有两个饥饿的人，他们同样得到了长者恩赐的一根渔竿和一篓鱼。只是他们并没有各奔东西，而是商定共同去寻找大海。他俩每次只煮一条鱼，经过遥远的跋涉来到了海边，从此，两人开始了捕鱼为生的日子。几年后，他们盖起了房子，有了各自的家庭、子女，有了自己建造的渔船，过上了幸福安康的生活。

同学们看完这则小故事，什么词语是第一时间闪现在你脑海中的呢？请大家将想到的词语写下来。

活动设计

一、设计背景

每个同学都是独一无二的，都拥有不同的璀璨品质。而正是因为这些不同，才使同学们多了些需要彼此磨合的棱角；因为这些不同，才能使同学们汇集在一起形成最宝贵的财富，合作、互助正是同学们获得这笔财富的法宝。

二、活动目标

1. 让同学们学会利用团体的力量，体会合作、互助带来的成就感。

2. 加深同学们对合作、互助的理解，懂得如何更好地合作、互助，达到互利共赢的局面。

3. 让同学们形成合作互助的意识，能够共同积极乐观地面对学习生活。

三、活动形式

感悟探究、故事会、小组讨论、小游戏等。

四、活动地点

教室。

五、活动准备

1. 课前完成活动导航内容的准备。

2. 给同学们布置任务，到网络或生活中搜集合作互助的小故事。

3. 多媒体教学设备。

活动过程

一、团队协作的意义

孤帆一叶，难以穿越汪洋；众志成城，势必乘风破浪。《三十国春秋》有言：“单者易折，众则难摧。”这是团队力量的直观表现。

看一看

观看视频《团结力量大》

【见电子资源包“第二单元”→“模块二”文件夹。】

说一说

1.企鹅、小蚂蚁、螃蟹是怎样逃离危险的？

____

____

____

2.视频《团结力量大》对你认识团结协作的作用有什么启示？

____

____

____

赛一赛

请同学们分组写出自己知道的关于合作互助的格言、谚语。

____

二、如何提升团队协作能力

团队协作对于我们而言是多么重要，我们每个人都是很微小的，微小到像是风中的一粒尘、海中的一滴水，离开了集体，我们有再多优秀与美好的品质都很难被放大。只有在一个合作、互助的集体中，才能使每一位同学更好地成长。那么，在班级中，我们怎样做才能提升团队协作能力呢？

看一看

观看视频《与狼共舞》

【见电子资源包“第二单元”→“模块二”文件夹。】

说一说

1. “塑造鹰一样的个人，打造狼一样的团队。”狼的团队精神有哪些？它们是怎样形成团队协作能力的？

2. 个体具备哪些要素对提升团队协作能力有积极意义？视频《与狼共舞》给了你哪些启示？

我们应该向狼好好学习，它们是最团结的动物，狼不会在同伴受伤时独自逃走。当面临强大对手的时候，狼会密切合作，会充分发扬团队精神，并肩作战奋勇抗敌。成天高呼团结一致，当面临危难和承担责任时，明哲保身、互相推诿的情况不会发生在狼群里。我们可以建立一支“狼性”团队，学习狼坚韧不拔的精神，学习它们的团队协作精神。

我们是一个整体，要共同面对困难，一起分享成功，时刻记住团队的利益与自己息息相关。在实现共同目标的过程中，我们应坦然面对失败，向狼学习，在困境中绝不放弃，从来不退缩、屈服，想尽一切办法达成目标。我们需要的正是这种精神，因此，我们要摆正自己的心态，用积极乐观的心态去改变、去争取，坚持到底，永不放弃。团结就是力量。

活动感言

活动延伸

全班同学唱《团结就是力量》。

【见电子资源包“第二单元”→“模块二”文件夹。】

团结就是力量，团结就是力量，这力量是铁，这力量是钢，比铁还硬，比钢还强，向着法西斯帝开火，让一切不民主的制度死亡！向着太阳，向着自由，向着新中国发出万丈光芒……

模块三　服从意识

服从只为更大的荣誉

活动导航

服从是军人的天职，他们无一例外都是人民的英雄。

这张图片给你怎样的感受？有何反思？

____

____

____

活动设计

一、设计背景

在个性化愈发张扬的时代，年轻人喜爱标新立异以彰显自己的与众不同。然而，在学校和社会等大集体里，“服从”是对团结力量的一种贡献，更能够使师生、生生之间相互配合获得荣誉，是中职生身处学校、面对社会需要具备的一项素质。

二、活动目标

1. 认识到在校学会服从、配合管理是一种集体荣誉感的表现。
2. 认识到在企业学会服从是对工作以及他人的一种尊重。
3. 认识到在社会学会服从是遵纪守法、有为青年的社会责任感。
4. 认识到学会服从并不是对个性的磨灭，而是为了更大的荣誉。

三、活动形式

演讲、视频观看、情景剧、小组讨论、感悟探究等。

四、活动地点

教室。

五、活动准备

1. 同学们准备演讲稿。
2. 同学们准备情景剧。
3. 多媒体设备。

活动过程

一、服从与个性

服从不是盲从，而是一种智慧的选择。在集体中，服从管理能够促使集体更加团结。就像一堵墙，如果每块砖头都棱角不同，不可能成为一堵坚固的墙壁。例如，红色历史中，邱少云用生命来诠释服从命令，为国家赢得胜利。现实社会中，刘翔服从教练的管理获得了金牌。我们的生活中也充满了关于服从而获得荣誉的种种事迹。但是也有人认为，服从他人就泯灭了自己的个性，委屈自己。个性与服从是否存在冲突？

辩一辩

个性与服从是否存在冲突

正方观点：____

____

____

____

反方观点：______

______

______

______

议一议

小组讨论：什么时候应该遵守服从条例，什么时候可以张扬个性。

遵守服从条例：______

______

______

张扬个性：______

______

______

二、服从的意义

小故事

从前有一个人在自己的小屋睡觉时突然发现房间充满亮光，上帝显现了，并召唤他为上帝做一件事。上帝指着屋前的一块大石头说，只要尽全力去推那块石头就行了。于是这个人用他的肩膀紧紧地抵住那块粗糙、冰冷又纹丝不动的岩石，日复一日地履行上帝给予他的任务。每天从日出到日落，他都使尽全力辛苦地推石头，就这样过了好几年。每到夜晚，当他回到自己的小屋时，总是浑身疼痛、精疲力竭，感觉好像每天都徒劳无功。

撒旦注意到这个人出现沮丧的表情，于是决定插手介入。撒旦在他的心中植入一些负面的想法，如“你推那块石头那么久了，但它连动都不动一下，干吗把时间浪费在这上面？这块石头是不可能移得开的。”撒旦让他感到这项任务不可能完成，他是一个失败者。“为什么要卖命做这种事？”他告诉自己，“我还是会继续做下去，但只用最少的力气就好了。”他内心一直盘算着要那么做，直到有一天他决定向上帝祷告，把他的困扰告诉上帝。“上帝！”他说，“我已为您效力很久了。我费尽全力去做您吩咐的事，可是推了那么久，那块石头却连半毫米都没动。这到底是怎么回事？为什么我推不动那块石头呢？”这时上帝慈悲地回答说：“我的朋友，当初我要求你的工作，只是要你尽全力去推那块石头而已，我从未要求你把它移开。你的任务就只是推那块石头，而你已经做到了。现在你来到我的面前，诉苦说自己精疲力竭，而且任务失败。不过，真的是这样吗？看看你自己！你的手臂变得更强壮有力，你的背黝黑发亮，你的腿也变得结实粗壮了。经过不断的磨炼，你已经成长了许多，拥有了前所未有的能力。的确，你没能移动那块石头，但你的任务是服从，是去推石头，锻炼你对我的智慧的信赖，而这点你已经做到了。朋友，现在就由我来移动这块石头！”

说一说

这则故事给大家什么启示：

三、自我服从意识和荣誉意识

看一看

观看视频《士兵突击（片段）》

【见电子资源包“第二单元”→“模块三”文件夹。】

成才通过选拔了吗？为什么？你受到什么启发？

演一演

情景剧：上课中

【情景描述】在课堂上，老师在讲台上认真授课，有些同学们在下面打瞌睡，吃零食。老师管教同学，同学不服管教。这时，领导巡堂经过……

这些不服从管理的同学给大家带来了哪些负面影响？在我们身边还有哪些不服从管理的事例影响了班级的荣誉？

服从，是军人的天职。作为现在的中职生、将来的职业人，我们也应当如此要求自己。因为服从不仅是一个学生应该懂得的纪律，更是一个年轻人应该学会的尊重。成长的路上，我们少不了引路人的指引，我们离不开集体的熏陶，我们因为谦虚而服从，我们因为责任而服从。服从并不是让我们盲目、放弃思想，而是让我们变得有道德，有纪律，懂宽容，更加有组织性、执行力，是为了更大的荣誉而修炼。

活动感言

____

____

____

活动延伸

1. 参观军营，直观感受服从的魅力。

2. 开展有关服从的拓展游戏。

3. 参照企业管理模式，建立班级管理机制，从入学开始培养学生服从学校、服从老师、服从企业、服从领导的意识。

第三单元

职业理想

模块一　认识专业　我的专业我的梦

模块二　树立理想　与梦想签约

模块三　职业规划　赢在起跑线

模块一　认识专业

我的专业我的梦

活动导航

请同学们写下自己想了解所学专业有关认识和学习方面的问题，每人至少提出三个问题，如：我们专业将会有哪些课程？我们将会去什么样的企业实习？

____

____

____

____

____

活动设计

一、活动背景

中职生刚入校门，对于自己所学专业了解不多，对于如何学好专业知识也无从下手。通过本活动，可以让同学们更快、更全面地了解所学专业，为自己未来三年的学习生涯作好准备。

二、活动目标

1. 通过为同学们营造一个真诚、尊重和温暖的小组氛围，引导大家搜集并表达出自己所了解的职业以及该职业的要求。

2. 帮助同学们思考自己的兴趣、爱好、能力以及对未来生活质量目标的定位，通过和小组其他成员的沟通、探讨，使大家认识自己、了解专业，从而自我接纳，增强自信。

3. 帮助同学们认识自己的兴趣、爱好，增强大家实现理想的信心，使大家在团体中培养一份归属感和被接纳的感觉，在体验与他人亲密交流、彼此信任的同时，学会关心、倾听和体察他人，提高自己与人交往的能力。

三、活动形式

调查总结、分享体会、小组讨论等。

四、活动地点

教室。

五、活动准备

1. 全班同学分成6个组，分别对所学专业的方方面面进行调查，并把调查结果记录下来，形成文字报告。同学们可以从图书报刊、广播电视和网络上搜集资料，还可以通过询问本校专业课教师和高年级的师兄、师姐了解有关专业知识。

（1）第一组负责了解本专业的发展前景、就业方向。

（2）第二组负责了解本专业开设哪些课程，这些课程的大致内容有哪些。

（3）第三组负责了解本专业同学在校期间将会参加哪些竞赛、竞赛形式。

（4）第四组负责了解本专业需要考取哪些证书、考证科目有哪些。

（5）第五组负责了解本专业的实习单位和用人单位对员工的要求。

（6）第六组负责了解本专业所在行业的优秀或成功的代表人物，找出2～3个，并搜集他们的成功事迹。

2. 多媒体教学设备。

3. 教师准备歌曲伴奏《我的未来不是梦》。

【见电子资源包“第三单元”→“模块一”文件夹。】

活动过程

玩一玩

破冰游戏：鸡蛋变凤凰

同学们刚加入新的班集体，彼此之间还不熟悉，让我们通过参加《破冰游戏：鸡蛋变凤凰》增加同学之间的情感沟通，活跃课堂的气氛，增强大家参与班级活动的积极性。

【游戏规则】

1. 让所有人都蹲下，扮演鸡蛋。

2. 相互找同伴（鸡蛋）玩“剪刀、石头、布”的游戏，获胜者进化为小鸡，可以站起来。

3. 小鸡和小鸡猜拳，胜者进化为凤凰，输者退化为鸡蛋，鸡蛋和鸡蛋猜拳，胜者才能再进化为小鸡。

4. 以此类推，看看谁是最后一个变成凤凰的。

一、了解专业

赛一赛

第一组至第五组同学派代表对所学专业的调查进行总结发言。

每个小组的代表根据自己组的分工将调查结果与全班同学分享。大家就自己了解到的专业以及自己今后学习的打算与全班同学进行交流。通过自己的调查让同学们对自己的专业有进一步的了解；另外，通过分享可以学习到其他同学获得的资料，更加丰富自己的专业认识。

答一答

根据各组的调查结果，同学们自己回答“活动导航”中的问题。若还有不清楚的地方，可以向老师提问，由老师解答。

写一写

写出你了解到所学专业的其他相关信息。

____

____

____

小链接

三百六十行，行行出状元

一、典故

在宋朝时，有个叫叶元清的人被点为状元。叶元清骑着高头大马，得意洋洋地在街上走着，来到一个路口时只见一个樵夫不避不让，照旧往前走，衙役们高喊“让道”，樵夫才停在路口说：“新科状元有什么了不起！如果我小时候能够上学，现在也是一个状元！”叶元清闻言大怒，喝道：“山村匹夫，如此不自量力！还是老老实实砍你的柴去吧。”樵夫不以为然地说：“天下学问多的是，就说砍柴吧，我想怎么砍就怎么砍，你能吗？”状元不信。樵夫拿过一块方木，在上面画了一条线，举起斧头往下一劈，正好沿线劈开了木头。这时，又走过来一个卖油翁，嚷着说：“这有什么了不起，如果我是樵夫，我也能这样！”叶元清一听，就说：“好！我买你一斤九两油，但得用手倒。”卖油翁哈哈大笑，取出一个小瓶，又在瓶口放了一个铜板，拿起油桶便倒。只见油如同一根线一样落入钱眼中，称一称，一点不差。

状元看了两人的表演，叹了口气说：“真是三十六行，行行出状元啊!”

后来，人们把三十六行改为三百六十行，就成了我们现在说的“三百六十行，行行出状元”了。

二、三十六行的具体内容

肉肆行、宫粉行、成衣行、玉石行、珠宝行、丝绸行、麻行、首饰行、纸行、海味行、鲜鱼行、文房用具行、茶行、竹木行、酒米行、铁器行、顾绣行、针线行、汤店行、药肆行、扎作行、仵作行、巫行、驿传行、陶土行、棺木行、皮革行、故旧行、酱料行、柴行、网罟行、花纱行、杂耍行、彩兴行、鼓乐行和花果行。

随着社会的不断进步，我国目前的职业总数已远远超过了“三百六十行”。与此同时，社会分工越来越细，职业兴替周期不断加速，这些因素都不断催生着新的职业，刷新着“三百六十行”。

二、榜样的力量

读一读

其实和你一样：他出身卑微，却身怀远大理想。多年前，他在 1983 年版的《射雕英雄传》中扮演宋兵乙，为增添一点点戏份，他请求导演安排“梅超风”用两掌打死他，结果被告之“只能被一掌打死”。这个年轻时被称做“死跑龙套”的卑微小人物，第一次当着导演的面谈到演技的时候，在场的人无一例外都哄堂大笑；但他依然不断思索、不断向导演“进谏”，直至 2002 年自己当上导演。那年，他获得了金像奖“最佳导演奖”。

其实和你一样：20 世纪 90 年代，在一趟开往西部的火车上，梳着分头、戴着近视眼镜的他看上去朝气蓬勃，内心却带有微微的彷徨。那时的他严肃乏味，常常独坐好几个小时不说话。后来他转行做主持人，1998 年第一次主持的电视节目播出时，他发现自己说的话几乎全被导演剪掉了。他让身为制片人的妻子准备了一个笔记本，把自己在主持中存在的问题一一记录下来，哪怕是最细微的毛病都不肯放过，然后逐条探讨、改正。即使今天其身价已逾 4 亿，成为中国最具影响力的主持人，他仍未放弃面“本”思过。

其实和你一样：多年前，他是大学里的“小混混”，由于经常逃课而被老师责备。毕业后被分到当地的电信局当小职员，面对冗杂的机关工作，他感到既劳累又苦恼。后来他勇敢而果断地辞了职，然后自创网站，从而走向中国互联网浪潮的浪尖。他在 2003 年福布斯中国富豪榜中居第一位。

其实和你一样：多年前的他是一个防盗系统安装工程师，“有时候装监视系统要先挖洞。一旦想到歌词就赶快写一下！”当年的他就是这么边干活边写词，半年积累了200多首歌词。他选出100多首装订成册，寄了100份到各大唱片公司。他说：“我当时估计，除掉柜台小妹、制作助理、宣传人员的莫名其妙、减半再减半地选择性传递，只有12.5份会被制作人看到，结果被联络的几率只有1%。”其实那1%就是100%！1997年7月7日凌晨，他正准备去做安装防盗工作，有人打电话给他，那个人叫吴宗宪，同时走运的还有另一个无名小卒——周杰伦。

可能你已经猜到他们是谁了，一个是笑星周星驰，一个是主持人李咏，一个是网易的CEO丁磊，一个是周杰伦的御用作词家方文山。

他们在成名前和你并无多大不同。不要抱怨贫富不均、生不逢时、机会不等、伯乐难求，要知道：其实每个人都平等地享有出人头地的机会。明天或者明年，同样会诞生像他们一样成功的人，就看是不是今天的你。

说一说

第六组分享所学专业所属行业的杰出人士的成功事迹，全班讨论并总结他人成功的原因，每小组写下3～4个关键词。

关键词：________________________________

写一写

对比别人成功的因素，写一写自己的差距。

自己的不足：________________________________

____

____

三、如何学好专业知识

读一读

- 此刻打盹，你将做梦；而此刻学习，你将圆梦。
- 我荒废的今日，正是昨日殒身之人祈求的明日。
- 觉得为时已晚的时候，恰恰是最早的时候。
- 勿将今日之事拖到明日。
- 学习时的苦痛是暂时的，未学到的痛苦是终生的。

- 学习这件事，不是缺乏时间，而是缺乏努力。
- 幸福或许不排名次，但成功必排名次。
- 学习并不是人生的全部。但既然连人生的一部分——学习也无法征服，还能做什么呢？
- 请享受无法回避的痛苦。
- 只有比别人更早、更勤奋地努力，才能尝到成功的滋味。
- 谁也不能随随便便成功，它来自彻底的自我管理和毅力。
- 今天不走，明天要跑。
- 投资未来的人是忠于现实的人。
- 学习能力代表收入。
- 一天过完，不会再来。
- 即使现在，对手也在不停地翻动书页。
- 没有艰辛，便无所获。

谈一谈

读完以上良言后，同学们是否有所感悟呢？每个小组派2～3个代表分享对于如何学好专业知识的意见和建议。

____

____

____

写一写

每个同学根据自己的不足之处，写一写今后自己改进的方法。

____

____

____

四、扬帆起航

唱一唱

合唱《我的未来不是梦》

【见电子资源包“第三单元”→“模块一”文件夹。】

我的未来不是梦（作词：陈家丽）

你是不是像我在太阳下低头

流着汗水默默辛苦地工作
你是不是像我就算受了冷漠
也不放弃自己想要的生活
你是不是像我整天忙着追求
追求一种意想不到的温柔
你是不是像我曾经茫然失措
一次一次徘徊在十字街头
因为我不在乎别人怎么说
我从来没有忘记我
对自己的承诺，对爱的执著
我知道我的未来不是梦
我认真地过每一分钟
我的未来不是梦
我的心跟着希望在动
我的未来不是梦
我认真地过每一分钟
我的未来不是梦
我的心跟着希望在动
跟着希望在动

你是不是像我整天忙着追求
追求一种意想不到的温柔
你是不是像我曾经茫然失措
一次一次徘徊在十字街头
因为我不在乎别人怎么说
我从来没有忘记我
对自己的承诺，对爱的执著
我知道我的未来不是梦
我认真地过每一分钟
我的未来不是梦
我的心跟着希望在动
我的未来不是梦
我认真地过每一分钟
我的未来不是梦
我的心跟着希望在动
跟着希望在动

我的未来不是梦
我认真地过每一分钟
我的未来不是梦
我的心跟着希望在动
跟着希望在动
……

活动感言

____

活动延伸

请同学们规划一份每天的学习计划。

模块二　树立理想

与梦想签约

活动导航

哈佛大学一个非常著名的关于目标对人生影响的跟踪调查。该项调查的对象是一群智力、学历、环境等条件都差不多的年轻人，调查结果发现：

27%的人，没有目标；

60%的人，目标模糊；

10%的人，有比较清晰的短期目标;

3%的人，有十分清晰的长期目标。

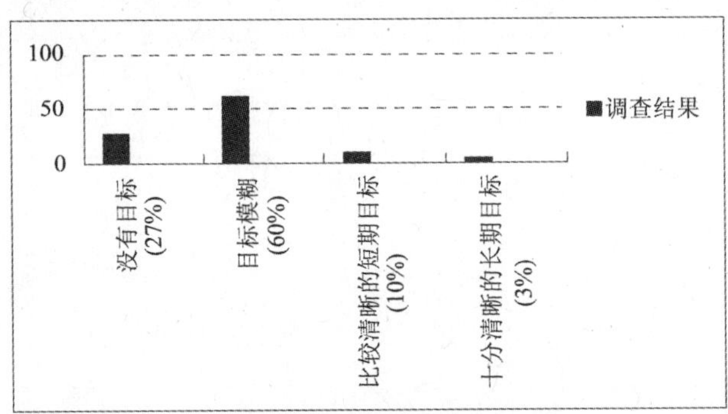

同学们猜测一下他们25年以后会有怎样的前途与命运呢？

____

____

____

活动设计

一、设计背景

面对着人生的第一个重大转折，刚刚踏入校门的中职生会感到迷茫，遇到挫折时不能及时地调整自己，没有足够的自信和勇气去克服困难。通过此活动，让同学们明确学习目标，启发大家制定合适的目标与理想。人生的航道不仅要自己把航，还需要老师的指引。

二、活动目标

1. 使同学们认识到树立理想的重要意义，对待理想有一个积极的态度。

2. 使同学们立志做一个有知识、有目标、有理想的奋斗青年。

3. 使同学们能够根据实际情况，找到适合自己的理想目标。

三、活动形式

小组讨论、感悟探究、集体宣誓等。

四、活动地点

教室。

五、活动准备

1. 课前完成活动导航的内容。

2. 多媒体教学设备。

3. 准备2～3张8开的图画纸，在顶头处用黑色马克笔写上“与梦想签约”五个字。

活动过程

一、关于梦想

1. 人生需要梦想

人生是需要梦想的，它是一种精神食粮，使生活更加完美。人生的梦想有小有大，都能从不同角度影响一个人的人生轨迹。人活着，要有所追求，有所梦想，要生活得开心、快乐，这才是理想的人生。上天给我们机会，让我们来到世间走一遭，我们要珍惜，因为生命是如此的短暂，如果我们不知道珍惜，它将很快逝去，到头来我们将一事无成。

说一说

请同学们讲一讲你们所了解的刘翔、马丁·路德金、马云三个人的梦想和成功的事迹。

他们的成功都源于他们有一个伟大的________________________________。

2. 梦想与目标

如果没有梦想和目标人生会是什么样？

哈佛大学的关于目标对人生影响的跟踪调查进行了25年，后来这些人的生活状况十分有意思。

3%的人有十分清晰的长期目标，他们25年来几乎不曾改变过自己的人生目标，一直朝着同一个方向不懈地努力。25年后，他们几乎都成了社会各界的成功人士，如企业家、行业领袖、社会精英等。

10%的人有比较清晰的短期目标，他们大部分生活在社会的中上层。他们的共同点是，那些短期目标不断地被达到，生活质量稳步提升。他们成为各个行业里不可缺少的专业人士，如医生、律师、工程师、高级主管等。

目标模糊的60%的人大都生活在社会的中下层。他们能安稳地生活与工作，但没有什么突出的表现。

剩下的27%的人，他们是当年没有目标和理想的人，他们大都生活在社会的最底层。他们的生活都过得很不如意，部分人失业，靠社会救济，并且经常抱怨他人，抱怨社会。

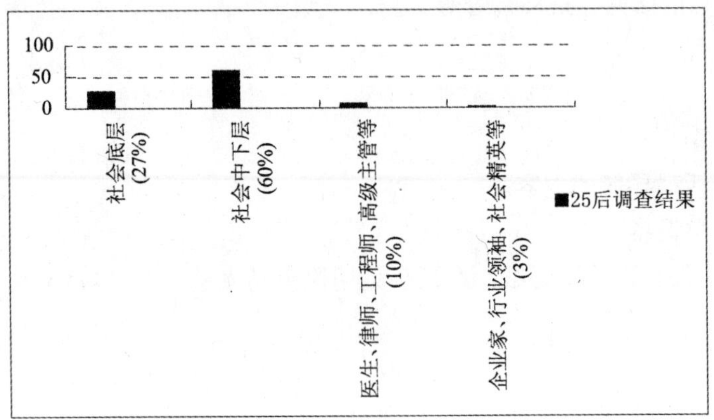

因此，有了目标，内心才会找到方向。毫无目标的飘荡终归会迷路，你内心那座无价的金矿也终因不开采而与平凡的尘土一样。一个人无论他现在是多大年龄，真正的人生是从开启梦想设定目标开始的，以前只不过在绕圈子而已。

二、你的梦想是什么

读一读

著名探险家约翰•戈达德 15 岁那年，在一张白纸上一口气列举了自己的 127 项宏伟愿望：

1. 到尼罗河、亚马逊河和刚果河探险。
2. 登上珠穆朗玛峰、乞力马扎罗山和麦特荷恩山。
3. 驾驭大象、骆驼和野马。
4. 探访马可·波罗和亚历山大一世走过的道路。
5. 主演一部像《人猿泰山》那样的电影。
6. 驾驶飞行器起飞降落。
7. 读完莎士比亚、柏拉图和亚里士多德的著作。
8. 谱一部乐曲；写一本书；游览全世界的每一个国家。
9. 参观月球。

……

戈达德将这些愿望命名为“一生的志愿”。44 年后，他实现了其中 106 个愿望。有人问他是凭什么将许多“不可能”踩在脚下的，戈达德笑着说了一句话：“凡是我能够做的，我都想尝试。”而在同学们现在这个年龄，如果没有理想，如果已经觉得自己好多事情都不能够做的话，那你这辈子就有可能什么也做不成。

梦想就是前进的目标。只有自信没有梦想，就像只有汽车，却没有目标，结果有可能会南辕北辙，离我们的美好人生越走越远。有了梦想，你每走一步，就会离目标接近一步，越走越近。

写一写

现在我们就下面的这些问题做一个调查。

1. 你的梦想是什么？

____

2. 你在遭遇挫折时，是否有过放弃梦想的念头？

____

三、如何实现梦想

1. 制定目标

一个人的成功离不开明确的目标与梦想，但在实现梦想的路途中，我们难免会遭遇挫折，很多人往往因为感觉梦想太遥远而放弃了。所以，实现梦想的前提就是要制定合适的目标，逐一达到目标，最终实现梦想。

议一议

请同学们相互讨论自己的短期目标与中长期目标。

（1）短期目标。

1）这个星期的目标是什么？如：读一本和专业相关的书，提高专业知识。

2）本学期的学习、生活目标是什么？如：学好计算机基础这门课，提高计算机操作技能。

3）寒暑假的目标是什么？如：找一份暑期工，锻炼自己适应社会的能力，并且补贴家用。

（2）中长期目标。

1）中职第三年你想去什么企业实习？

2）毕业后的第一份工作是什么样？

我的短期目标：______________________________

____

我的中长期目标：____

____

现阶段是形成人生理想和目标的黄金时期，只要自己每天都能记下理想、目标、计划、实施、收获、改进等内容，日积月累就会形成良好的学习习惯，培养计划实施的能力，树立清晰的目标理想，就会具有人生必备的意志品质、良好心态、宽阔视野、博爱胸怀、持之以恒等素质，成为“人品”好的学生。

2. 从现在做起

同学们的理想很丰满，但是现实很残酷。有的同学虽然树立了远大的理想，而且也制定了相应的目标，但在平时的学习生活中还是得过且过，特别体现在以下三个方面：

（1）闲话：别人在自习、看书，他在说笑话、说大话、说课外的话题等。

（2）闲事：把课余的时间消磨在游戏里，老师在讲课他在发呆，上自习在聊天，抄别人的作业。

（3）闲思：正听着课，思路不知不觉地到了其他无用的事上，如中午吃什么？放学后去哪儿玩？和同学吵架了，对方说了自己什么？

那么，如何控制“三闲”呢？

首先要明确地将无用且有害的言、行、思和有用的言、行、思区分开来，一旦有了区别，潜意识就会起作用，然后要采取控制“三闲”的办法。控制“三闲”的办法有几十种甚至上百种，每位同学都应根据自己的实际选择不同的方法。最有效的方法之一，就是尽可能多地做实事，心情不好时做喜欢做的、难度小的事。实事做多了，形成较牢固持久的兴奋中心，“三闲”便不容易侵犯。

想一想

你平时生活学习中的缺点应该如何改正呢？

____

____

____

小链接

猜一猜他是谁

1. 他在青年时代就树立了立志报国、献身革命的理想。他在中学读书时，同学称他“身无分文，心忧天下”。1914 年他在长沙第一师范读书时，可以使用的钱款只有几块大洋，而 1/3 花在订报上，铺盖和衣服非常单薄。他与同学提出三不谈：不谈金钱、不谈身边琐事、在校期间不谈恋爱。他认为改造世界对学问知识的需要太迫切了，一定要珍惜宝贵的青春，把时间和精力花在有价值的事情上。请问这位少年是谁？

（　　　　）

2. 20 世纪初在沈阳一所小学里，校长问同学们："你们为什么读书？"课堂上顿时寂静无声。停了片刻，一个同学毕敬毕恭地站起来回答："读书为了寻求生路。"话音刚落，另一位同学说："为了光宗耀祖！"这时，一位同学从座位上站起来。他，浓眉大眼，昂首挺胸，大声回答道："为了中华民族之崛起，腾飞于世界而读书。"当时这位少年年仅 12 岁。请问这位少年是谁？

（　　　　）

3. 歌德巴赫猜想一直被看做数学王冠上的明珠。200 多年前，有不少科学家试图征服它，并因此耗费了巨大的精力，却都没有成功。有位中国少年上中学时就暗暗立志摘取这颗明珠，他把它当做自己的事业和理想。他拼命积累知识、奋力演算难题，草稿纸装了一麻袋又一麻袋。最后终于用自己的智慧和理想的合力，移动了数学群山，摘取了数学王冠上这一璀璨的明珠，发明了以他的姓氏命名的定理。请问这位少年是谁？

（　　　　）

四、以青春的名义宣誓

全班同学起立并大声宣誓：

也许我们年少轻狂，
也许我们曾经失败，
也许我们彷徨迷茫，
但是我们还是要大声说出我们的梦想！

我们以青春的名义宣誓：
即使成功远在天边，
我也要勇往直前，不畏艰险；
即使失败就在眼前，
我也要坚守信念，挑战极限；
我保证
为了父母的微笑，努力拼搏每一天；
我保证
为了梦想的实现，再苦再累我也无怨！

五、与梦想签约

写一写

【教师拿出课前准备好的2～3张8开的纸，纸上顶头处写有标题：与梦想签约。教师组织学生有秩序地在纸上写下自己的梦想并署名。】

梦想是心中的灯，是指路的太阳，梦想应该具有崇高的性质。有句话说得好："人生并非尽是乐事。"当你在追求梦想的旅途中，一定会遇到挫折与失败，然而没有梦想的人生是不完美的！只有克服挫折与失败，才能踏进梦想之门……

人生恰似洪水在奔流，不遇到岛屿和暗礁，难以激起美丽的浪花；人生恰似时针一般，其完美不在于走得快，而在于走得准；人生恰似杯子里的酒，不经三番五次的提炼，就不会可口；人生恰似一杯茶，不能苦一辈子，但总要苦上一阵子……

让我们为了自己的梦想，努力奋斗！

活动感言

____

____

____

____

活动延伸

写一写你所知道的关于梦想的名人名言。

模块三　职业规划

赢在起跑线

活动导航

观看视频《大学生就业生存战》

【见电子资源包“第三单元”→“模块三”文件夹。】

活动设计

一、活动背景

职业规划的有无及好坏直接影响到中职三年的学习生活质量，甚至直接影响到求职就业以及未来职业生涯的成败。从狭义职业生涯规划的角度来看，中职阶段对同学们来说主要是职业的准备期，目的是为未来的就业和事业发展作好准备。

二、活动目标

1. 让同学们了解职业生涯规划的基本知识。
2. 协助同学们检视自我。
3. 学习职业生涯规划的基本方法，提升职业规划能力。
4. 协助同学们确定未来的方向，并对自己的职业生涯作出科学的规划。

三、活动形式

心理测试、感悟探究、互相讨论等。

四、活动地点

教室。

五、活动准备

多媒体教学设备。

活动过程

一、面对未来，你准备好了吗

小故事

人生的楼梯

有两兄弟，他们一起住在一幢公寓楼里。一天，他们一起去郊外爬山。傍晚时分，他们回到公寓的时候发现一件事：公寓楼停电了！这两兄弟住在公寓的顶楼——八十楼。虽然两兄弟都背着大大的登山包，但是别无选择，哥哥对弟弟说："我们爬楼梯上去吧。"于是，他们就背着一大包行李开始往上爬。

到了二十层的时候，弟弟提议说："哥哥，行李太重了，不如这样吧，我们把它放在二十楼，我们先上去，等公寓恢复电力，我们再乘电梯下来拿吧。"哥哥一听，觉得这主意不错："好啊，弟弟，你真聪明呀！"于是他们把行李放在二十楼，继续往上爬。卸下了沉重的包袱，两个人觉得轻松多了，他们一路有说有笑地往上爬。

但好景不长，到了四十层，两人又觉得累了。想到只爬了一半，还有四十层要爬，两人就开始互相埋怨，指责对方早上出门不注意停电公告，才会落到如此下场。他们边吵边爬，就这样一路爬到了六十楼。

到了六十层，两人精疲力竭，累得连吵架的力气都没有了。哥哥对弟弟说："算了，只剩下最后二十层，我们就不要再吵了。"于是，他们一路无言，安静地继续往上爬。

终于，八十层到了。在家门口，哥哥长吁一口气，摆了一个很酷的姿势："弟弟，拿钥匙来！"弟弟说："你怎么问我呢？钥匙不是在你那里吗？"……

大家猜猜发生了什么事？钥匙还留在二十楼的登山包里。

这个故事反映的正是我们的人生。二十岁之前，我们活在家人、老师的期望下，背负着很多压力，不停地学习、考试、升学，就好像是背着一个很重的登山包，而且这个阶段自己不够成熟、能力欠缺，所以走得很辛苦。

二十岁以后，从学校毕业，踏上工作岗位，开始自己的职业生涯。自己喜欢做什么就做什么，想怎么做就怎么做，就好像是卸下了沉重的包袱。所以说，从二十岁到四十岁是一生中最愉快的二十年。

到了四十岁，人到中年，发现青春早已逝去，但还有很多遗憾，于是开始抱怨，骂老板不识人才，怪家人不体贴，埋怨政府，埋怨社会……就这样在抱怨遗憾中又过了二十年。

到了六十岁，发现人生所剩不多，于是告诉自己，不要再埋怨了，珍惜剩下的日子吧。然后，默默走完自己的最后岁月。

到了生命的尽头，突然想起：好像忘记了什么。是什么呢？是你的钥匙，你人生的关键。

你把理想、抱负都留在二十岁，没有完成。

想一想

同学们，你是不是也要等到四十年之后、六十年之后才来追悔？我们最在意的是什么？希望将来的自己和现在有些什么不同？是不是可以做些什么避免遗憾的发生呢？

写一写

1. 写出你感兴趣的十个职业。

2. 你最感兴趣的职业能给你带来什么？

3. 你最感兴趣的职业又能给社会带来什么？

4. 如何获得这个职业？

二、关于职业

1. 职业的定义

职业是参与社会分工，利用专门的知识和技能为社会创造物质财富和精神财富，以获取合理报酬作为生活来源，满足精神需求的工作。

2. 职业生涯的含义

职业生涯是个人一生的工作历程，它以时间为主线，以工作内容为载体，具有动态性和发展性。

3. 职业生涯的发展阶段

职业生涯的发展阶段是探查→个人评价→作出决定→计划→实施开发→生活、工作管理。

4. 职业生涯规划

职业生涯规划又称职业生涯设计，是指个人与组织相结合，在对一个人职业的主客观条件进行测定、分析、总结的基础上，对自己的兴趣、爱好、能力、特点进行综合分析与权衡，结合时代特点，根据自己的职业倾向，确定其最佳职业奋斗目标，并为实现这一目标作出行之有效的安排。

测一测

通过小小的心理测试，看看同学们潜意识里喜欢什么样的工作。

心理测试

如果有机会让你到以下六个岛屿旅游，不用考虑费用等问题，你最想去的是哪个？可以按照喜欢程度选出三个。

A 岛

美丽浪漫的岛屿。岛上充满了美术馆、音乐厅，弥漫着浓厚的艺术文化气息。同时，当地的原住民还保留了传统的舞蹈、音乐与绘画，许多文艺界的朋友都喜欢来这里找寻灵感。

I 岛

深思冥想的岛屿。岛上人迹罕至，建筑物多僻处一隅，平畴绿野，适合夜观星象。岛上有多处天文馆、科博馆以及科学图书馆等。岛上居民喜好沉思、追求真知，喜欢和来自各地的哲学家、科学家、心理学家等交换心得。

C 岛

现代、井然的岛屿。岛上建筑十分现代化，是进步的都市形态，以完善的户政管理、地政管理、金融管理见长。岛民个性冷静保守，处事有条不紊，善于组织规划。

R 岛

自然原始的岛屿。岛上保留有热带的原始植物，自然生态保持得很好，也有相当规模的动物园、植物园、水族馆。岛上居民以手工见长，自己种植花果蔬菜、修缮房屋、打造器物、制作工具。

S 岛

温暖友善的岛屿。岛上居民个性温和、十分友善、乐于助人，社区均自成一个密切互动的服务网络，人们多互助合作，重视教育，弦歌不辍，充满人文气息。

E 岛

显赫富庶的岛屿。岛上的居民热情豪爽，善于企业经营和贸易。岛上的经济高度发展，处处是高级饭店、俱乐部、高尔夫球场。来往者多是企业家、经理人、政治家、律师等，衣香鬓影，夜夜笙歌。

你的选择是什么？（　　　）

答案揭示：

选择 R 岛

类型：实用型（Realistic）。

喜欢的活动：愿意从事事务性的工作，喜欢户外活动或操作机器，不喜欢在办公室里工作。

喜欢的职业：制造业、渔业、野外生活管理业、技术贸易业、机械业、农业、技术、林业、特种工程师和军事工作。

选择 I 岛

类型：研究型（Investigative）。

喜欢的活动：处理信息（观点、理论），喜欢探索、理解和研究那些需要分析、思考的抽象问题，喜欢独立工作。

喜欢的职业：实验室工作人员、生物学家、化学家、社会学家、工程设计师、物理学家和程序设计员。

选择 A 岛

类型：艺术型（Artistic）。

喜欢的活动：创造，喜欢自我表达，喜欢写作、音乐、艺术和戏剧。

喜欢的职业：作家、艺术家、音乐家、诗人、漫画家、演员、戏剧导演、作曲家、乐队指挥和室内装潢人员。

选择 S 岛

类型：社会型（Social）。

喜欢的活动：喜欢帮助别人，喜欢与人合作，热情关心他人的幸福，愿意帮助别人解决困难。

喜欢的职业：教师、社会工作者、牧师、心理咨询员、服务性行业人员。

选择 E 岛

类型：企业型（Enterprising）。

喜欢的活动：喜欢领导和影响别人，为了达到个人或组织的目的极力说服别人，希望成就一番事业。

喜欢的职业：商业管理、律师、政治运动领袖、营销人员、市场或销售经理、公关人员、采购员、投资商、电视制片人和保险代理。

选择 C 岛

类型：事务型（Conventional）。

喜欢的活动：组织和处理数据，喜欢固定的、有秩序的工作或活动，希望确切地知道工作的要求和标准，愿意在一个大的机构中处于从属地位。

喜欢的职业：会计师、银行出纳、行政助理、秘书、档案文书、税务专家和计算机操作员。

三、人生苦短，立即规划

观看视频《一分钟的生命》

【见电子资源包“第三单元”→“模块三”文件夹。】

茂密的丛林里诞生了一只绿色的小苍蝇。他刚来到这个世界上，对一切都觉得新奇。忽然，他的头上出现了一个时间牌，上面显示“1:00”，看来他只有一分钟的生命。就在他奇怪之余，忽然身边匆匆飞过另一只小苍蝇，手上拿着一张长长的单子，看样子正在找东西，但是他头上的倒计时牌就剩下1秒钟了。这一秒钟过后，这只匆匆飞过的小苍蝇栽在地上死去了。我们这只刚出生的小苍蝇深深地震撼了，突然，他惊奇地发现头顶上的倒计时牌开始计时了，变成了59秒！就在这时，天空中飘下一张长长的纸，上面写着死前要完成的事。这只小苍蝇便开始了他匆忙的一生。

- 咬一只浣熊
- 喝醉一次
- 参加聚会
- 飞跃最高的树
- 鸟口脱险
- 做一个空中特技造型
- 谈恋爱
- 繁殖后代
- 围观鲸鱼
- 救人一命
- 蛛网逃生
- 蹦极
- 找到朋友
- 种一棵树

……

就像短片的最后写道：人生苦短，你，还在等待什么？同学们，我们的人生也是有限的，要好好把握自己的青春，成就一番事业。我们要活在当下，好好规划自己的人生和职业生涯！

写一写

请同学们根据下面的提示，写出自己对未来的规划。

我在哪里？我已经得到了什么？

____

我要去哪里？我要得到什么？

____

我需要什么才能到达那里？我需要什么才能成功？

____

我要采取什么行动？

____

有关的时间限制是什么？

____

我如何知道已经达到目标了？

____

我要和谁讨论我的想法？

____

长期、中期、短期生涯规划表

时　间	年　龄	目 标 1	目 标 2	目 标 3	备　注
3～5 年后					
10 年后					
20 年后					

活动感言

____

____

____

____

活动延伸

请同学们给 10 年后的自己写一封信，可以写写你现在的想法、对未来的期望等，写好后交给班主任保存。10 年后回校探望班主任时再拆开这封信，看看你的目标实现了没有。

第四单元

文明校园

模块一　形象塑造

仪容仪表从“头”做起

活动导航

请同学们填写关于中职生形象的调查问卷。

1. 在你的印象中，形象是一个怎样的概念?（　　）

A. 外貌　　B. 打扮　　C. 修养　　D. 其他

2. 形象是否是你对他人（学生）评价的主要标准?（　　）

A. 是　　B. 否

3. 影响你对学生形象认识的最主要因素是什么？（　　）

A. 流行杂志　　B. 别人的评论

C. 自身的理解　　D. 电视、电台

E. 其他

4. 你对自己的形象重视吗?（　　）

A. 很重视　　B. 较重视　　C. 无所谓　　D. 从不关心

5. 制约你对自身形象重视的最主要因素是什么?（　　）

A. 校规　　B. 同学、老师的想法

C. 父母的看法　　D. 其他

6. 你是否经常与父母、朋友讨论有关形象方面的问题?（　　）

A. 经常　　B. 偶尔几次　　C. 从不

7. 你关心流行时尚动态吗?（　　）

A. 十分关心　　B. 有时关心　　C. 无所谓　　D. 从不关心

8. 你是否会追逐流行?（　　）

A. 是　　B. 否　　C. 可能会　　D. 可能不会

9. 你认为重视自身形象是否会影响成绩?（　　）

A. 是　　B. 否

10. 你对自己现有的形象满意吗？（　　）

A. 很满意　　B. 较满意　　C. 一般　　D. 不满意

11. 你是否想过要改变自己的形象?（　　）

A. 很想　　　　B. 无所谓　　　　C. 不想

12. 你认为“坐如钟，站如松”对现在的学生有意义吗？（　　）

A. 有　　　　B. 无

13. 你每月在形象上的花费一般为多少？（　　）

A. 50 元以下　　　　B. 50～100 元

C. 100～200 元　　　　D. 200 元以上

14. 请列举在形象方面你比较欣赏的明星。

____

15. 请列举你心目中的学生形象应具有的特点。

____

活动设计

一、设计背景

升入中职学校，随着同学们视野的开阔，交往范围进一步扩大，思想更加活跃。在同学们知识不断丰富、能力不断提高的同时，有少数同学在仪容仪表方面盲目攀比，出现了一些不尽如人意的现象。例如，穿着新潮、怪异，戴耳钉，烫发染发，抹口红等。虽然这些只是个别现象，但若不加以引导，除了影响本人外，还会对辨别力和审美观不成熟的其他同学产生误导作用和不良影响。如何使同学们正确认识并且逐步树立起良好的中职生形象，是我们要学习的内容。

二、活动目标

1. 通过对“魅力中职生形象”问题的学习和讨论，使同学们明确新时代的中职生应该具有哪些良好的外在形象和优秀的内在品质，认清自己努力发展的方向。

2. 在主题班会活动中提高学生收集信息能力、处理信息能力、分析问题能力、解决问题能力、社会交往合作能力、写作和口头表达能力以及应变能力。

3. 培养同学们的参与意识、合作意识、创新意识和责任意识，培养同学们甘于奉献的精神。

三、活动形式

对比探究讨论、问卷调查、最佳形象颁奖仪式。

四、活动地点

教室。

五、活动准备

1. 教师搜集各国、各年代中职生校服形象图片和各行业职业服装形象图片，以及各种学生奇装异服形象的图片。

2. 学生拍摄或搜集最美个人形象图片。

3. 多媒体教学设备。

活动过程

一、中职生仪容仪表审美认知误区

中国有“文质彬彬，而后君子”的古训。形象是一个人精神面貌、内在素质的外在表现。在与人交往的过程中，形象是一张没有文字却生动的名片。中职生风华正茂，更要讲究仪容、仪表、仪态的美化，塑造良好的外在形象，以提高综合素质，为将来走向社会、走进职场奠定基础。

但是，随着时代潮流的变化和对潮流的追逐，中职生的思想方式与传统逐渐产生很大的距离，仪容仪表更多地呈现出社会化和多元化。例如，不少学生出现了染发、烫发、佩戴奇异首饰、穿着奇装异服等现象，由此会引发一些攀比、追赶时髦的不正之风，给学习带来十分负面的影响，与中职生良好的精神风貌、青春特有的朝气格格不入。

看一看

【教师用多媒体手段分别展示两组图片。见电子资源包“第四单元”→“模块一”文件夹。】

第一组图片：各国、各年代中职生校服形象图片和各行业职业服装形象图片。

第二组图片：各种学生奇装异服形象的图片。

谈一谈

请同学们谈谈看到这些形象的感受。你喜欢哪组图片？为什么？不喜欢哪组图片？为什么？

____

____

____

____

议一议

为什么有些同学认为男士理个光头或留长发是“帅”？把新的衣服豁得全是洞是“酷”？把头发染得五颜六色、稀奇古怪是“时髦”？

____

____

____

____

目前，同学们的主要任务是学习，对中职生提出应有的仪表要求，一方面是为了让同学们把精力更好地投入到学习中来，端正思想作风，减少社会不良风气的负面影响；另一方面是使学校形成一个良好的学习氛围，对我们的学习起到积极的促进作用。同学们终究还是学生，应该从自己的仪容仪表上显示出学生的谦逊和温和，而不是桀骜不驯，不刻意模仿流行前卫的打扮，要符合身份地着装。与穿着相比，我们更要凭借自己非凡的才华表现自我，发展个性。

二、中职生仪容仪表规范

1. 穿戴整洁、朴素、大方

（1）按规定佩戴校牌，在校园内主动接受值班老师的检查。

（2）按规定穿着校服，不在校服上乱写乱画。

（3）穿戴整洁、朴素大方，不穿拖鞋，不穿奇装异服，不盲目追求名贵服饰，不穿高跟鞋，不穿过分暴露的衣着。

（4）不佩戴饰物，不化妆，不留长指甲，不涂指甲油。

2. 发型符合中职生身份

发型要符合中职生身份，应该自然、整洁，显示青少年朝气蓬勃的精神状态。

（1）不烫发，不染发，不打摩丝。

（2）男生不留长发、怪发。鬓角处不能过耳中部，两侧不能盖耳，后部头发不能遮衣领，前额出不过眉，头发不能过厚。

（3）女生留长发须将头发扎起，不得披头散发。

女生标准发型

前不过眉

长发不披肩

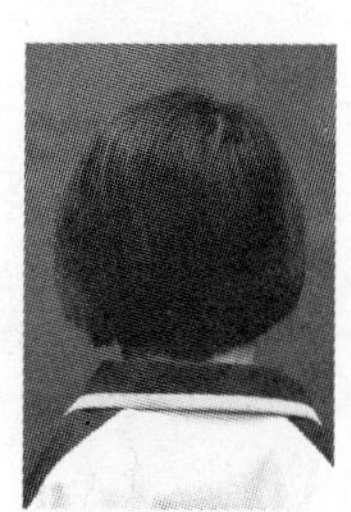

短发不过衣领

男生标准发型

前不遮眉

侧不掩耳

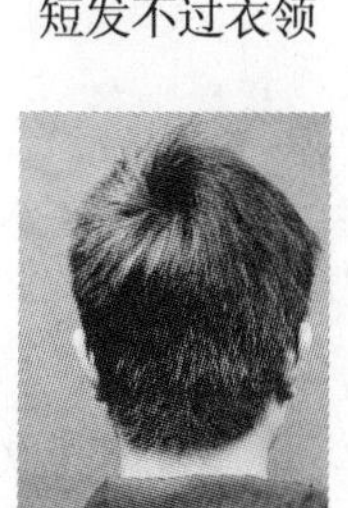

后不及衣领

着装要求：穿校服，整洁、朴素、大方

仪容仪表所展现的不仅仅是眼睛可以看到的外貌，更重要的是精神风貌。同学们自身良好的精神风貌也突显出一个学校积极向上的精神。

小链接

中学生统一着装校服

服装作为人们生活的必需品，无疑具有保暖和装扮的功能，而中学生的统一着装除具有服装的一般功能外，还具有潜移默化的德育效果。多年的实践证明，学生统一着装是构筑校园整体美的需要。爱美之心，人皆有之，美好的事物令人向往，使人陶醉，在一个优美的环境里，学生的心情是愉快的，学习是轻松的，长期生活在舒适、优美的环境当中，学生的心灵可得到净化，树立起远大美好的理想。

统一穿着校服的意义如下：

第一，校服可以使学生在身份感上区别于社会其他人，因而有了学生自身的约束力，如荣誉感、遵纪守法、文明礼貌，这些方面校服可以起到内在约束的作用、一种象征的作用，对学生起到一种潜移默化的培养作用。杜绝奇装异服，有助于学生形成正确的审美观。

第二，校服还可以产生一种平等感。因为学生现在的家庭收入状况很不一样，服饰方面攀比现象比较盛行。如果一个学校的学生能穿一样的服装，这样同学相互之间的感觉是平等的，容易形成一种合作、团结、相互尊重的氛围，以此培养学生艰苦朴素的品质，避免攀比之风在校园里盛行。

第三，校服从一定程度上可以减轻家长的经济负担。学生穿校服可以让家长对孩子的穿着少操心，节省开支，把财力、精力投入到更有用的地方。

第四，从推进学校工作来讲，学生统一着装对于推进学校校园文化建设是非常有益处的。学生统一穿校服有利于对学生的教育和管理，有利于提升学生的自信心、朝气和树立良好的精神状态，有利于班级和学校教育教学活动的组织，有利于提升校园文化，培养学生的团队精神。

评一评

请同学们选出本班形象大使，男女生各一名，并简述评选理由。获奖同学发表获奖感言。

我们班的形象大使是：________________________________

仪容仪表是一个人精神面貌的外观体现，一个人的仪容仪表必须符合他的年龄特征、身份和职业要求以及特定场合。只有这样才可以得到社会或群体的普遍认可和接受，才可以使自己真正变得更美、更靓。中职生仪表的基本要求，一方面是使同学们具有良好的学生形象，与社会上的一般青年要根本地区别开来；另一方面也能让同学们把主要精力更好地投入到学习生活中，端正自己的思想观念，而不是热衷于打扮、追求时髦、搞穿着攀比，自觉抵制社会上的不良风气，同时使学校具有良好的校园文明风尚，为同学们的学习进步起到积极作用。

活动感言

____

____

____

____

活动延伸

请同学们对照中职生仪容仪表规范进行自我检查，不符合规定的进行整改。

模块二　文明礼仪

美在举手投足间

活动导航

写一写

写一写你知道的关于文明礼仪的格言警句。

____

____

____

活动设计

一、设计背景

礼仪是人类为维系社会正常生活而要共同遵守的最起码的道德规范，它是人们在长期共同生活和相互交往中逐渐形成的，并通过风俗、习惯和传统等方式固定下来。对一个人来说，礼仪是一个人思想道德水平、文化修养、交际能力的外在表现；对一个社会来说，礼仪是一个国家社会文明程度、道德风尚和生活习惯的反映。孔子曾说过："不学礼，无以立。"就是说一个人要有所成就，就必须从学礼开始。

二、活动目标

1. 进一步提高同学们的礼仪修养，使大家明确言谈、举止、仪表和服饰能反映出一个人的思想修养、文明程度和精神面貌。

2. 使同学们了解中职生在日常生活学习中应该掌握的礼仪。

三、活动形式

思考探究、小品表演、小组讨论。

四、活动地点

教室。

五、活动准备

1. 学生准备校园小品《课间十分钟》。

【见电子资源包"第四单元"→"模块二"文件夹。】

2. 多媒体教学设备。

活动过程

一、文明礼仪的重要性

小故事

仅仅因为一口痰吗

这是一场艰难的谈判。

一天下来，美国约瑟先生对于对手——中国某医疗机械厂的范厂长既恼火又钦佩。这个范厂长对即将引进的"大输液管"生产线行情非常熟悉，不仅对设备的技术指数要求高，而且价格压得很低。在中国，约瑟没有遇到过这样难缠而有实力的谈判对手。他断定今后和务实的范厂长合作，事业是能顺利的，于是信服地接受了范厂长那个偏低的报价。双方约定第二天正式签订协议。天色尚早，范厂长邀请约瑟到车间看一看。车间里井然有序，约瑟边看边赞许地点头。走着走着，突然，范厂长觉得嗓子有些痒，不由得咳了一声，便急忙向车间一角奔去。约瑟诧异地盯着范厂长，只见他在墙角吐了一口痰，然后用鞋底擦了擦，整洁的地面留下了一片痰渍。约瑟快步走出车间，不顾范厂长的竭力挽留，坚决要回宾馆。

第二天一早，翻译敲开范厂长的门，递给他一封约瑟的信："尊敬的范先生，我十分钦佩您的才智与精明，但车间里你吐痰的一幕使我一夜难眠。恕我直言，一个厂长的卫生习惯可以反映一个工厂的管理素质。况且，我们今后生产的是用来治病的输液管。贵国有句谚语：人命关天！请原谅我的不辞而别，否则，上帝会惩罚我的……"

范厂长觉得头"轰"的一声，像要炸了。

说一说

这是一个因缺失文明礼仪素养而导致合作失败的例子。你是否还知道或经历过类似的事例？请与同学们一起分享，并结合自己对文明礼仪的认识谈谈文明礼仪的重要性。

____

____

____

____

____

（1）礼仪是个人心理安宁、心灵净化、身心愉悦、个人增强修养的保障。当每个人都抱着与人为善的动机为人处世，以文明市民的准则约束自己时，那么所有人都会体验到心底坦荡、身心愉悦。

（2）礼仪是人际关系和谐的基础，是社会交往的润滑剂和黏合剂。社会是不同群体的集合，群体是由众多个体汇合而成的，而个体的差异性是绝对的，礼仪会使不同群体之间相互敬重、相互理解、求同存异、和谐相处。

（3）礼仪是各项事业发展的关键。职业是人们在社会上谋生、立足的一种手段。讲究礼仪可以帮助人们实现理想、走向成功，可以促进全体员工团结互助、爱岗敬业、诚实守信，可以促进人们的交往和增强个人的竞争力，从而推动各项事业的发展。

（4）礼仪是社会文明进步的载体。要继承弘扬祖国优秀的文化传统，加强社会主义精神文明建设，文明礼仪宣传教育是其中重要的一项内容。

（5）礼仪是个人美好形象的标志，是一个人内在素质和外在形象的具体体现。如果我们时时处处都能以礼待人，那么就会使我们显得很有修养。古人有句名言：穷则独善其身，达则兼济天下。

二、中职生文明礼仪失范的原因

同学们从小接受文明礼仪的教育，很多同学都可以滔滔不绝地大谈文明礼仪，可是在我们的校园中仍然有许多文明礼仪失范的现象。

演一演

小品表演《课间十分钟》

【由 3 名同学根据教师提供的小品剧本进行表演。见电子资源包“第四单元”→“模块二”文件夹。】

同学们共同评价在小品中出现的不文明行为和语言。

____

____

____

除了小品中展现出来的文明礼仪失范现象，你在学校里还看到哪些文明礼仪失范现象？

____

____

____

谈一谈

同学们接受文明礼仪的教育，自己却吝于履行，甚至反其道而行之，使文明礼仪失范的现象日益突出。请分 4 个小组分别从家庭教育、学校教育、社会影响、自身修养四个方面认真剖析该现象产生的根源。

家庭教育：________________

____

____

____

学校教育：________________

____

____

____

社会影响：________________

____

____

____

自身修养：________________

____

____

____

三、践行文明礼仪

同学们要实践文明礼仪，就要从“知行合一”上下工夫，从自己的坐言起行上下工夫，就要告别不文明的行为。我们不必埋怨这个社会的文明水平不高，不必怨艾自己的力量太单薄、对社会的影响不大。试想一下，面包里的酵母不是很少吗？可是，单凭这一点酵母，不就把面包发起来了。我们每一位同学都应该做这个时代的酵母，让自己的酵素在这个社会起到应有的作用。

做一做

中学生文明礼仪守则 100 条

请同学们根据《中学生文明礼仪守则 100 条》检查自己的行为是否符合要求，做到的请打“√”，没做到的请写出相应的整改措施。

车站车厢

1）先下后上，并为下车者让出空间。________________

2）候车人多，需要排队时注意尽量避免与他人身体接触。

____

3）在车厢里不大声喧哗。________________

4）保持车厢干净，不要在车厢内乱丢杂物，不要将杂物丢往车外。

5）不要在空位上放置自己的物品。

6）当携带某些东西时（如湿的、腥的、有异味的物品）尽可能不妨碍他人。

7）不下车时不要堵在门口。如果只能在门口则尽可能为下车乘客让一下。

8）需要挤一挤才能到位的时候，事先向他人轻声说“对不起”。

9）如有不经意碰撞，为消除误会养成说“对不起”的习惯。

教室

10）进入教室，见到同学或老师要微笑致意，注意自己的言行，尊重同学和老师。

11）注意自己的课桌整洁。

12）得到同学的帮助应及时表达谢意。需要打扰别人时先说“对不起”。

13）进出教室时，礼让对方，避让对方。

14）开门关门时，注意轻开轻关，注意随手关门。

15）在教室里，注意不要进行针对第三者的密谈，不要进行可能引起他人不愉快的密谈。

16）不翻动同学桌上、计算机中、笔记本中与自己无关的任何资料。

17）男同学不抽烟，并恪守“女士优先”。

18）女同学尽量不化妆、不涂指甲，也不穿过分性感的衣服。

19）不给同学起绰号，不在学校里制造流言蜚语或传播小道消息。

20）开会或聚会时，不对任何人的不同意见作出轻蔑的反应。

21）不在教室里脱鞋或将脚搁到桌上。

22）不要在教室里就餐，以免有不雅之味。

23）保持教室和课堂环境整洁。晚上要保证睡眠，白天上课要集中精力听老师讲课。

____

阅览室、图书馆、展览会

24）注意着装整洁。

____

25）遵守规则，爱护书刊杂志，小心抽取，阅读后放回原处。

____

26）翻阅资料时不在上面划弄、折叠，保持资料的整洁。

____

27）要保持安静，不大声喧哗，走动时放轻脚步，安放椅凳时尽量不发出声响。

____

28）不要吃有声或带有果壳的食物。______________________

29）在展品前观赏时注意不要影响其他观众观看。

____

30）遵守展览会规定，如不拍照，不抚摸展品，不吸烟，不吃零食……

____

影剧院

31）应注意体味清新、衣着整洁。

____

32）尽量提前5分钟到场。如演出开始后入场，应放轻脚步，尽量不影响演员的演出和观众的观看。

____

33）有他人从你的座位前经过时尽量收一下身子。

____

34）尊重演出环境，保持安静，切忌在影剧院吃食物、窃窃私语，更不可大呼小叫、笑语喧哗。

____

35）演出结束时，用掌声向演员表示感谢，一般应待演员谢幕完毕后才离开座位。

____

36）听音乐乐章之间不鼓掌。______________________

37）观看演出时尽量不发出杂音，如手机铃声、塑料袋揉搓声、座板翻动声。

____

38）演出结束后观众应有秩序地离开，不要推搡。

____

会场

39）进大门时，如有侍者为你开门，应该道谢。______

40）不迟到、不早退，不得已迟到、早退需经过他人座位前，先轻声说“对不起”。______

41）不随便走动。______

42）尽量不要拨弄那些会发出声响的东西，如塑料口袋。______

43）不在下面开小会。______

44）会议的主持者切勿心有旁骛。______

打电话

45）有电话进来，尽快应答：“您好”。如电话接迟，应先说：“对不起，让您久等了。”______

46）给对方打电话时，先介绍自己。______

47）打电话时，尽量放低音量。______

48）打电话时，嘴里不要有东西。______

49）转接电话时注意言辞和婉。______

50）与人交谈时，如需接听电话先向对方说“对不起，我接一个电话”，并告诉电话中的对方“我们简短些”以示对对方尊重。______

洗手间

51）保持洗手间的清洁卫生。______

52）进单间厕所时应关门。______

53）轻开门，轻关门。______

54）如厕后应冲厕所，并洗手。______

55）洗手后应擦干或烘干，不能乱甩手，将水滴洒在地上或他人身上。______

交通（骑车者、行人）

56）分清快慢车道、人行道，遵守交通规则。______

57）穿越马路时，须待绿灯亮。行人需走人行横道线。______

58）超越前方骑车者时，应从左侧超越。______

59）骑车转弯时，提前示意（一般是做手势），并尽量获取反馈，以免不测。______

60）在人群中行走时尽量不接触他人身体，切忌用手“拨拉”人。______

电梯

61）进出电梯时为需要帮助的人按住电梯门。________________

62）站在控制板前时主动询问他人是否需要服务；远离控制板时，如有需求应客气请求他人。________________

63）电梯到达时，应先出后进。________________

64）在滚动电梯上停留时尽量靠右站立，左边留给有需要的乘客畅行。________________

作客

65）作客前要与主人约定时间。一经约定，切勿迟到，也不要太早到。________________

66）主人热情款待时，需表示感谢。________________

67）在主人家里，非经邀请不要乱走乱翻。________________

68）与对方交谈时，注意不要伸懒腰、打哈欠，不掏耳朵，不挖鼻孔。________________

69）不得已咳嗽、打喷嚏时迅速用手（手巾）捂住张开的嘴，事后轻声说“对不起”。________________

70）对于主人的热情相送应有感激之意，并请主人“留步”。________________

待客

71）在客人到来之前应将房间打扫干净，以示主人欢迎之意。________________

72）为客人沏上一杯热茶或饮料解渴。待客时，不要看钟表，以免客人误会。________________

73）自始至终应陪同客人活动（特别熟悉的朋友另当别论）。________________

74）送客时，至少应该送出房门，待客人走出视线后再返回。________________

75）与客人握手时，目光应该看着对方，切忌环顾左右、东张西望，不要戴手套。握手时手里不能有东西，手上不要有汗水。________________

家庭

76）日常生活起居作息有一定的秩序，早晨要尽量早起，晚上要适时而眠。________________

77）对于所从事的事情，不随便改变。________________

78）孝敬父母。早起时，向父母长辈问好。傍晚回到家，也要向父母长辈问候。

79）每天早上起床必须先洗脸，然后刷牙漱口，解完大小便以后把手洗干净。

80）父母召唤我们时，要立即答应，不要慢吞吞地很久才应声。父母有事要我们去做，要马上去办，不要借故拖延或者偷懒不做。

81）和父母在一起，要长存感恩之心，谦恭有礼，尊重父母，从小养成礼让的美德。不管是吃东西或喝饮料，要请长辈先用。

82）离家外出时应与家人道别。

83）应尽量按时回家吃晚饭，如有事耽搁或晚归，需及时向家人报平安（说一声）。

84）兄弟姐妹之间要相互谦让，彼此爱护，长爱幼，幼尊长，情同手足。

85）家里有客人来，主动帮助家人做好准备和接待工作。

就餐

86）喝汤时、咀嚼食物时不发出响声。

87）用餐时注意嘴边不要沾有食物或汤汁，随时用餐巾纸擦净嘴边。

88）嘴里有东西时不张嘴说话。就餐交谈时，不用餐具指向对方。

89）夹菜时不从底下向上翻动。

90）自助用餐时，不在容器里挑来拣去。

91）自助用餐时，按自己需要的量取用。

92）自助用餐后，尽量将餐具放置到指定位置。

93）需要剔牙时，得用另一只手捂住张开的嘴。

94）吐出的骨需放在骨盘或放在纸上，不要直接放在餐桌上。

95）就餐交谈时，音量控制在左右两边的人能听清的程度。

96）在路边买了食物，最好当场吃掉，不要边走边吃。

____

着装

97）着装干净、整洁，不能有异味。

____

98）着装需注意场合及当时身份，色彩、款式搭配得当。

____

99）公共场合不能只穿内衣，也不宜穿色彩太重的内衣。

____

100）着装单薄时切勿使内裤外显，或使内衣带外露。

____

在学校里，同学们具有良好的文明礼仪习惯，才能构建出优良的学习环境，创设出优良的学习气氛。现在，同学们正处于人生中最关键的成长时期，大家在这个时期的所作所为将潜移默化地影响着每个人自身的心理素质。而文明礼仪行为就在帮助大家提高自身的心理素质，同时也完善了自身的道德品质。如果我们不在此时抓好自身道德素质的培养，那我们即使拥有了丰富的科学文化知识，于人于己于社会又有何用呢？所以，我们首先应该做一个堂堂正正的人，一个懂文明、有礼貌的谦谦君子，然后才是成才。不能做一部单纯掌握知识技能的机器，要成为一个身心和谐发展的人。文明礼仪就是我们素质的前沿，拥有文明礼仪，我们就拥有了世界上宝贵的精神财富。

活动感言

____

____

____

____

活动延伸

一个月后再对照《中学生文明礼仪守则 100 条》检查自己是否有进步了。三个月后再对照《中学生文明礼仪守则 100 条》检查自己是否全做到了。

模块三　遵守规则

规则在我们心中

活动导航

缰绳在骑马过程中起什么作用？____

____

活动设计

一、设计背景

现代生活的多样性给了每个人选择自己生活方式的自由，由此间接导致了当今中职生违规违纪行为层出不穷，同学们对自己的行为约束力也在降低。追根究底，主要源于同学们规则意识的淡漠：不懂得何为规则，不懂得遵守规则，更不懂得破坏规则会造成什么后果。著名教育家叶圣陶曾经说过："教育是什么？往简单方面说只需一句话，就是培养良好的习惯。"这里的"习惯"不仅指学习习惯，更为重要的是行为习惯。为了培养同学们良好的行为习惯，建立规则意识势在必行。

二、活动目标

1. 使同学们明确"守则规范"在我们生活、学习中的重要性。

2. 帮助同学们养成遵守规则的良好习惯，学会为自己的行为负责。

3. 结合学校以及班级的实际情况，提出各项应遵守的行为规范。

三、活动形式

案例讨论、自主探究。

四、活动地点

教室。

五、活动准备

1. 收集学生在日常学习生活中不遵守规则的事例。

2. 多媒体设备。

活动过程

一、了解规则

孟子《离娄上》有云：“离娄之明，公输子之巧，不以规矩，不成方圆。”马路的十字路口，尽管人多车杂，但只要遵守交通规则，各行其道，道路总会畅通无阻。可是如果失去了交通秩序，人们各不相让，争抢阻挡，车辆、行人挤成一团，谁都不可能顺利通过。

规则是指要求人们遵守已确定了的秩序、执行命令和履行自己职责的一种行为规范，是用来约束人们行为的规章、制度和守则的总称。

说一说

说说在学校应遵守的规则（至少五种以上）。

____

____

____

____

这些规则有什么共同的特点？

____

____

____

想一想

如果我们的学校没有规则，以下场景会出现什么景象？

课堂上：____

进出校门：________________

校园环境：________________

学生仪容仪表：________________

生活离不开规则，学校离不开规则，规则的作用是：________________

小链接

中学生日常行为规范

一、自尊自爱，注重仪表

1. 维护国家荣誉，尊敬国旗、国徽，会唱国歌，升降国旗、奏唱国歌时要肃立、脱帽、行注目礼，少先队员行队礼。

2. 穿戴整洁、朴素大方，不烫发，不染发，不化妆，不佩戴首饰，男生不留长发，女生不穿高跟鞋。

3. 讲究卫生，养成良好的卫生习惯。不随地吐痰，不乱扔废弃物。

4. 举止文明，不说脏话，不骂人，不打架，不赌博。不涉足未成年人不宜的活动和场所。

5. 情趣健康，不看色情、凶杀、暴力、封建迷信的书刊、音像制品，不听不唱不健康歌曲，不参加迷信活动。

6. 爱惜名誉，拾金不昧，抵制不良诱惑，不做有损人格的事。

7. 注意安全，预防发生火灾、溺水、触电、偷盗、中毒等事件。

二、诚实守信，礼貌待人

1. 平等待人，与人为善。尊重他人的人格、宗教信仰、民族风俗习惯。谦恭礼让，尊老爱幼，帮助残疾人。

2. 尊重教职工，见面行礼或主动问好，回答师长问话要起立，给老师提意见态度要诚恳。

3. 同学之间互相尊重、团结互助、理解宽容、真诚相待、正常交往，不以大欺小，不欺侮同学，不戏弄他人，发生矛盾多做自我批评。

4. 使用礼貌用语，讲话注意场合，态度友善，要讲普通话。接受或递送物品时要起立并用双手。

5. 未经允许不进入他人房间，不动用他人物品，不看他人信件和日记。

6. 不随意打断他人的讲话，不打扰他人学习工作和休息，妨碍他人要道歉。

7. 诚实守信，言行一致，答应他人的事要做到，做不到时表示歉意，借他人钱物要及时归还。不说谎，不骗人，不弄虚作假，知错就改。

8. 上、下课时起立向老师致敬，下课时请老师先行。

三、遵规守纪，勤奋学习

1. 按时到校，不迟到、不早退、不旷课。

2. 上课专心听讲，勤于思考，积极参加讨论，勇于发表见解。

3. 认真预习、复习，主动学习，按时完成作业，考试不作弊。

4. 积极参加生产劳动和社会实践，积极参加学校组织的活动，遵守活动的要求和规定。

5. 认真值日，保持教室、校园整洁优美。不在教室和校园内追逐打闹、喧哗，维护学校良好秩序。

6. 爱护校舍和公物，不在黑板、墙壁、课桌、布告栏等处乱涂改刻画。借用公物要按时归还，损坏东西要赔偿。

7. 遵守宿舍和食堂的制度，爱惜粮食，节约水电，服从管理。

8. 正确对待困难和挫折，不自卑，不嫉妒，不偏激，保持心理健康。

四、勤劳俭朴，孝敬父母

1. 生活节俭，不互相攀比，不乱花钱。

2. 学会料理个人生活，自己的衣物用品收放整齐。

3. 生活有规律，按时作息，珍惜时间，合理安排课余生活，坚持锻炼身体。

4. 经常与父母交流生活、学习、思想等情况，尊重父母意见和教导。

5. 外出和到家时，向父母打招呼，未经家长同意，不得在外住宿或留宿他人。

6. 体贴帮助父母长辈，主动承担力所能及的家务劳动，关心照顾兄弟姐妹。

7. 对家长有意见要有礼貌地提出，讲道理，不任性，不耍脾气，不顶撞。

8. 待客热情，起立迎送。不影响邻里正常生活，邻里有困难时主动关心帮助。

五、严于律己，遵守公德

1. 遵守国家法律，不做法律禁止的事。

2. 遵守交通法规，不闯红灯，不违章骑车，过马路走人行横道，不跨越隔离栏。

3. 遵守公共秩序，乘公共交通工具主动购票，给老、幼、病、残、孕及师长让座，不争抢座位。

4. 爱护公用设施、文物古迹，爱护庄稼、花草、树木，爱护有益动物和生态环境。

5. 遵守网络道德和安全规定，不浏览、不制作、不传播不良信息，慎交网友，不进入营业性网吧。

6. 珍爱生命，不吸烟，不喝酒，不滥用药物，拒绝毒品。不参加各种名目的非法组织，不参加非法活动。

7. 公共场所不喧哗，瞻仰烈士陵园等相关场所保持肃穆。

8. 观看演出和比赛，不起哄滋扰，做文明观众。

9. 见义勇为，敢于斗争，对违反社会公德的行为要进行劝阻，发现违法犯罪行为及时报告。

写一写

请大家对照中学生日常行为规范的要求列出自己做得好的地方和不好的地方。

二、做个遵守规则的人

1. 树立规则意识

规则意识是发自内心的，以规则为自己行动准绳的意识。规则意识的最初层面即知道关于规则的知识。比如，知道“遵纪守法是光荣的，违法乱纪是可耻的”等。但仅了解有关规则的知识是不够的，更重要的是要有遵守规则的愿望和习惯。这是规则意识的第二个层次。规则意识的最后一个层次是遵守规则成为人的内在需要。

小故事

火车应该开向哪里

有一段火车轨道，由于道路改道，原来的轨道不用了，新的轨道已建好并开始通车了。在新修建的路旁树了一块牌子，上面写着“严禁在此轨道玩耍”。有四个学生放学后来到这里玩耍，其中一个学生看到牌子上的警告语后跑到了原来的旧轨道上去玩耍了，而其他三个学生虽然看到了那块牌子，但没有理会，仍旧在新修建的轨道上玩耍。这时一辆火车疾驰而来，速度太快，学生们已来不及从轨道上离开。假定这两段轨道口中间有个控制装置，可以决定火车往哪个方向开，既可以沿着新的轨道也可以沿着原来的旧轨道开。

议一议

如果你是控制员，你会把火车调到哪个方向，是原来的旧轨道还是新轨道？为什么？说说你此时的心情。

如果你是故事中那三个在新轨道上玩耍的学生之一，你希望控制员把火车调到哪个方向？为什么？说说你此时的心情。

如果你是上面那个在旧轨道上玩耍的学生，你希望控制员把火车调到哪个方向？为什么？说说你此时的心情。

对某个个体而言，生命是最重要的，但对于社会而言，规则比生命更重要。我们每个人都应该为自己的行为和生命负责，在平时的日常生活中，每个人都应该遵守学校和社会的各种规章制度，养成良好的规则意识，在规则许可范围内行使自己的权利，这才是对生命最大的珍惜和尊重。

2. 克服导致违规的不良心态

导致青少年违规的不良心理有侥幸心理、享受心理、模仿心理、叛逆心理、嫉妒心理、斗狠心理、聚群心理、自卑心理、好奇心理和玩笑心理。

议一议

以下违反规则的行为，是什么心理造成的？

小军为图省事，不绕行立交桥而翻越马路栅栏，被正常行驶的汽车撞伤。

小宇打乒乓球比赛输了，不服气，捡起石头将对手砸伤被判刑。

小翔羡慕同学有部好手机，为买手机勒索低年级同学而被拘留。

3. 做一个遵守规则的人

（1）加强规则意识的学习。

（2）养成自觉遵守规则的习惯。重要的不是知道规则，而是愿意和习惯于遵守规则。尤其表现在没有监督的时候，也自觉予以遵守。

（3）从他律到自律。把遵守规则变为自己的内在需要，变为一种本能，才能在没有他人监管的情况下自觉遵守规则。

做一个遵守规则的中职生，为创造良好的社会秩序和文明和谐的校园尽自己的一份力量。

活动感言

活动延伸

1. 请同学们撰写一份“遵守规则”的倡议书。
2. 开展“规则之星”评比活动。

第五单元

人际交往

模块一　有效沟通　良好的人际沟通助你成长

模块二　理解尊重　学会理解与尊重他人

模块三　宽以待人　以和为贵，宽容是金

模块一　有效沟通

良好的人际沟通助你成长

活动导航

朋友聚餐

这样的场合熟悉吗？你喜欢参加这样的活动吗？为什么？

____

____

活动设计

一、设计背景

中职阶段是个体社会化的重要时期，而社会化的顺利完成离不开人与人之间的交往。中职生作为一种特殊的群体，完成学业之后就要走上社会，开始谋生，要在社会中求职、择业乃至创业，要和形形色色的人打交道。所以对于同学们来说能否处理好各种人际关系显得尤为重要。由于同学们自身的知识和经验还不够丰富，较为系统的世界观、人生观还没有真正形成，认知能力也很薄弱，面对复杂的人际关系，常常因不知如何处理而苦闷、烦恼，更严重者还会患上不同程度的心理病症，以至于影响他们的学习和生活。通过此次活动，培养同学们的人际交往能力，特别是增强同学们的沟通能力，培养大家健康的心理，为同学们学业的完成和事业的成功打下坚实的基础。

二、活动目标

1. 让同学们认识到人际交往的重要性。
2. 增强同学们对于交往的热情，提高个人人际交往的魅力。
3. 让同学们灵活地运用人际交往的技巧，学会与人沟通和表达自己的情感。

三、活动形式

感悟探究、游戏活动、小组讨论。

四、活动地点

教室。

五、活动准备

1. 同学们从图书报刊、广播电视和网络上搜集、查询有关人际交往与沟通交流的各种资料。
2. 多媒体教学设备。

活动过程

一、人际沟通的重要性

石油大王洛克菲勒说：“假如人际沟通能力也是同糖或咖啡一样的商品的话，我愿意付出比太阳底下任何东西都珍贵的价格购买这种能力。”由此可见人际沟通能力的重要性。

看一看

观看视频《缺乏有效沟通令学生负面情绪难以宣泄》

【见电子资源包“第五单元”→“模块一”文件夹。】

可能因为寒假作业太多，广东佛山禅城区有一名初中生把当地教育局的网站“黑”了。2012年2月6日晚，网友“永安路96”发帖称禅城区教育局网站被“黑”，并附有网站截图。当晚搜索禅城区教育局网站页面，首页打不开，只显示出以下几段文字：“一到假期，××中学就布置足以让人窒息的作业给学生去做……”“领导们，你们不是n多年前就提倡给学生减负的吗？究竟是你们说一套做一套呢，还是学校‘滥用私刑’啊？”“啥？你说每天做一点（作业）就可以了？做你妹！这么大口气有本事你做给我看啊！”

直到2月7日下午，网站仍然打不开，不过这段学生口吻的抱怨不再显示。这不是禅城区教育局网站第一次被“黑”，2012年年初四早上也发生过类似事件。

教育局技术部门已追查出黑客的踪迹，初步估计是禅城某中学学生，已经报案。律师分析，黑客行为一般处五日以下拘留；情节较重的，处五日以上十日以下拘留。如果嫌疑人未满十四周岁，不能进行行政处罚及追究刑事责任，只能督促其家长严加管教。

网友讨论说，“黑”网站这样的做法尽管不对，但间接说明学生作业太多，需要宣泄。专家指出：这主要还是学生缺乏和家长、学校、老师的沟通，因此才导致负面情绪难以宣泄。

说一说

我们是否也经历过类似的事情？缺乏有效的沟通和交流造成过哪些不良后果？

____

____

____

____

小故事

美国知名主持人林柯莱特有一天访问一名小朋友，说：“你长大后想做什么啊？”小朋友天真地回答：“我要当飞机驾驶员！”林柯莱特接着问：“如果有一天，你的飞机飞到太平洋上空突然引擎熄火了，你会怎么办？”小朋友想了想：“我会先告诉坐在飞机上的人绑好安全带，然后我拿起降落伞跳出去。”当在场的观众笑得东倒西歪时，林柯莱特继续注视着孩子，想看他是不是自作聪明的家伙。没想到，孩子的两行热泪夺眶而出，这才使林柯莱特发觉这孩子的悲悯之心远非笔墨所能形容。于是林柯莱特问他说：“为什么你要这么做？”孩子的回答透露了他真挚的想法：“我要去拿燃料，我还要回来的！”

说一说

这则故事给你的启发是：______________________________

____

____

试一试

游戏：征兵总动员

【游戏方法】

所有学生围站成一圈，教师选出三名小队长，然后限时 6 分钟，三名小队长可在教室内走动，邀请其他同学加入自己所在的队伍。如果游说成功，则新加入的队员与其他队员手拉手，一起帮队长加快“征兵”行动；如果游说不成功，不能强行“征兵”。

【游戏体验】

1. 在刚才的游戏中，我们尝试着使用各种交际技巧邀请别人加入自己所在的队伍，那么在现实生活中，你通常用什么方法认识新朋友，向别人介绍自己？

____

2. 总结一下，在征兵游戏中，你愿意选择跟什么样的人待在一个队伍里？为什么？

____

3. 刚才的小游戏给我们哪些启发？人际沟通能力的重要性表现在哪几个方面呢？

____

1. 良好的人际沟通是身心健康的需要

从小到大，我们的生活范围不断扩大，不断在和不同的人打交道，人际沟通就在我们的成长中处于至关重要的地位。因为良好的人际沟通能使人心境轻松，态度乐观，创设出相互关心爱护、关系密切融洽的人际关系，有益于身心健康。

2. 良好的人际沟通是事业成功的需要

“天时不如地利，地利不如人和。”卡耐基工程学院对万名成功人士成功原因分析的结果表明：智慧、专业知识和经验只占15%；良好的人际关系占85%。具有良好的人际沟通能力和正确的处世技巧，有助于个人在事业上的成功，能为一个人事业的成功创造优良的环境。

3. 良好的人际沟通是人生幸福的需要

人生幸福是构建在物质生活和精神生活基础上的。人生幸福必然包含有物质生活的内容，创造人生物质生活的幸福会受到人际关系状况的影响。良好的人际沟通有利于营造使人在物质生产过程中充分发挥创造力的优化环境，人的积极性、创造性的发挥能增加物质财富的生产，丰富人们的物质生活；良好的人际沟通也使人与人之间的物质交往渠道畅通，人与人之间互通有无，互利互惠，可能得到更多的物质享受。

二、人际沟通交往能力

日常生活中，我们常常有这样的感受：有的人说话行事恰当得体，很容易得到他人的好感和肯定，往往具有较好的人际关系，我们会评价这个人的人际交往能力很强；有的人正好相反，遭人嫌弃，被人孤立，人际关系很糟糕，我们会评价这个人的人际交往能力很差。一般来说，人缘型个性品质的人人际交往能力较强，而嫌弃型个性品质的人人际交往能力较弱。

1. 人缘型个性品质

（1）尊重他人，关心他人，对人一视同仁，富有同情心。

（2）热心班集体活动，对工作非常负责。

（3）持重、耐心、忠厚老实。

（4）热情、开朗，喜欢交往，待人真诚。

（5）聪颖，爱独立思考，成绩优良且乐于助人。

（6）重视自己的独立性，并且有谦逊的品质。

（7）有多方面的兴趣和爱好。

（8）有审美的眼光和幽默感。

（9）温文尔雅，端庄，仪表美。

2. 嫌弃型个性品质

（1）自我中心，只关心自己，不为他人的处境和利益着想，有极强的嫉妒心。

（2）对班集体工作不感兴趣，或敷衍了事缺乏责任感，或浮夸不诚实，或完全置身于集体之外。

（3）虚伪、固执，爱吹毛求疵。

（4）不尊重他人，操纵欲、支配欲强。

（5）对人淡漠，孤僻，不合群。

（6）有敌对、猜疑和报复性格。

（7）行为古怪，喜怒无常；粗鲁、粗暴、神经质。

（8）狂妄自大，自命不凡。

（9）学习成绩好，但不肯帮人甚至轻视他人。

（10）自我期望高，小气，对人际关系过分敏感。

（11）势利眼，想方设法巴结领导而不听群众的意见。

（12）学习不努力，无组织无纪律，不思进取。

（13）兴趣贫乏。

测一测

请大家填写《人际交往能力自我评定测验表》，填完后进行自我评定并计算分数。

人际交往能力自我评定测验表

【说明】

本测验共有15个问题，判断分三个等级：“是”“不确定”“否”，分别代表1、2、3分。在与你的情况相符的答案上打“√”，每题只能选择一次，请你根据自己的情况迅速作出判断。

	是	不确定	否
1. 我不喜欢与其他学生一起做练习。	1	2	3
2. 我不喜欢说话，有时宁愿用手表示意愿，也不用语言表达。	1	2	3
3. 我不愿意和任何人的目光接触。	1	2	3
4. 同学们不喜欢与我一起做游戏和学习。	1	2	3
5. 同学们不喜欢在我面前讨论各种问题。	1	2	3
6. 父母总是对我管束严厉。	1	2	3
7. 放学后我不愿意回家，喜欢在外面玩。	1	2	3
8. 我对爸爸妈妈找我谈话十分反感。	1	2	3

9．我对父母的斗嘴、吵架感到无所谓，习以为常。	1	2	3
10．爸爸妈妈从来不过问我的事，在他们眼里我是可有可无的。	1	2	3
11．老师对我特别挑剔，老爱与我过不去。	1	2	3
12．老师在课堂上从来没有看过我一眼。	1	2	3
13．在路上看到老师，我总是设法躲避或装做没有看见。	1	2	3
14．老师家访时经常“告状”，向爸爸妈妈讲我的坏话。	1	2	3
15．我觉得老师对我太不公平了，真想和他大闹一场。	1	2	3

三、人际沟通交往技巧

与人沟通交流是一门学问，也是一门艺术，其中有许多奥妙和技巧。“得法者事半功倍，不得法者事倍功半。”作为一名中职生，我们必须承认自己在人际交往方面还不够成熟，很多时候我们还不善于把握分寸和尺度。一些好的人际沟通交往的技巧有以下几个方面。

1. 面带微笑

（1）每日对着镜子微笑五分钟，大笑五分钟。

（2）对一个陌生人微笑，看一看他/她的反应。

（3）每当要面对他人时，先对他微笑。

2. 学会表达

（1）明确对方要表达的内容、动机和目的。

（2）判断对方的人格特点、语言背后的信念。

（3）自然呼应对方的语言、姿势、语气，呼应对方的情绪状态。

（4）使用正确的语言。

做一做

游戏：“照镜子”

【游戏目的】

明白情绪会互相感染，要理性控制情绪。

【游戏方法】

两人一组，甲学生做各种表情，乙学生作为“镜子”模仿甲的各种表情。例如，微笑、捧腹大笑、傻笑、眉飞色舞、回眸一笑、发怒等。

【游戏感悟】

看到“镜子”的表情，你有什么感受？

____

情绪可以传染吗？

____

努力做各种表情时，你的情绪有变化吗？

3. 宽容理解

把怨恨写在沙子上

这是两个人一起去爬山过程中发生的故事。一次，他们一起爬山，其中一个人不小心失足滑落，另一个人把他拉了上来，被救的人在石头上刻了“某年某月某日，我的好朋友救了我一命”。他们继续向上爬，过了一段时间，两个人因为一点小事吵了起来，救人的人一气之下打了另一个人的耳光。被救的人于是就在沙子上写了“某年某月某日，我的朋友打了我一记耳光”。回家后，那个打人耳光的人问：“我救了你一命，你刻在石头上；而我打了你一记耳光，你却写在沙子上？”被救的人说：“你救了我，我永远不会忘记；而你打了我，我会让它随着沙子上的字迹消失而被忘得一干二净!”

有宽容理解的地方，怨恨就会像沙子上的字一样消失——有宽容理解他人的心，必有一颗感恩的心。记住别人对自己的帮助，忘记不快乐的事，人生才会更加美好。

4. 凝神倾听

凝神是聚精会神，倾听是细心听取，在与人沟通交往中凝神倾听是一种艺术。说话的时候要与对方有自然的眼神接触。听对方说话的时候脸上要配合谈话内容有专注的表情，集中注意力倾听对方说话。注意让自己的身体面向说话者，边听边作出积极的反应。在与对方交流时尽量使用适度简短的语言，学会从交谈的内容中抓住要点，体会说话者的大致思路，从而把握关键问题。

5. 赞扬对方

赞扬是一种最低成本、最高回报的人际沟通交往法宝。因为你赞扬别人以后，别人会记住你，每个人都希望和对自己有利的人在一起，包括赞扬自己的人。赞扬代表了一种积极的心态，在你赞扬别人的同时，别人也会给你回报。

试一试

同学们两人一组，相向而坐，目光对视，各自说出自己的优点，大声说三遍；接下来，互相说对方的优点，大声说三遍，以体会赞美时的感受。

听一听

欣赏歌曲《我想更懂你》

【见电子资源包“第五单元”→“模块一”文件夹。】

写一写

这是一首以母亲口吻唱给孩子的歌，歌词里有许多的“懂”字。听完之后，请写一写歌词想表达什么样的内容，你感受到了什么。

____

____

____

____

活动感言

____

____

____

活动延伸

1. 生活中有许多关于人际沟通交往的格言警句，请你判断下列名言中能体现沟通和交往重要性的是（　　　　）。

A. 独学而无友则孤陋寡闻

B. 独柯不成树，独树不成林

C. 三人行，必有我师焉

D. 人类在相互交往中寻求安慰、价值和保护

2. 请你写出 10 条关于人际沟通交往的格言警句。

模块二　理解尊重

学会理解与尊重他人

活动导航

全国各地的商家开展给环卫工人提供爱心休息点的活动

全国各地的商家开展给环卫工人提供爱心休息点的活动告诉了我们什么？商家为什么要这样做？

____

____

活动设计

一、设计背景

处理好人际关系的关键是要意识到他人的存在，理解他人的感受。当前社会人际关系复杂，如何与人和谐相处，掌握“理解与尊重他人”这个人际交往的“金钥匙”对于同学们来说至关重要。

二、活动目标

1. 引导同学们了解在人际交往中理解与尊重他人的重要性。

2. 让同学们知道尊重他人就是在尊重自己的基础上，能尽量照顾别人的精神感受，接纳、平视、理解和宽容地看待对方的所作所为。

3. 让同学们知道理解与尊重他人是一门学问，学会了尊重别人，就学会了尊重自己。

三、活动形式

感悟探究、故事会、小型辩论会、小组讨论。

四、活动地点

教室。

五、活动准备

1. 同学们从网络上搜集有关理解与尊重他人的相关资料以及自己身边发生过的关于理解与尊重的小故事。

2. 多媒体教学设备。

活动过程

一、什么是理解与尊重

讲一讲

请学生代表上台讲述小故事《平等的机会》、《程门立雪》。

【见电子资源包“第五单元”→“模块二”文件夹。】

看一看

观看视频《击剑的礼仪》

【见电子资源包“第五单元”→“模块二”文件夹。】

写一写

听完故事，看完视频，你有哪些体会和感悟呢？

尊重他人需要做到：____

____

____

故事和视频里体现的理解与尊重他人的小细节有：____________________

____

____

____

我对“理解和尊重”的认识是：______________________________________

____

____

二、理解与尊重他人应该怎么做

填一填

在诗歌空白处填上合适的词。

尊重是一个微笑，
尊重是一声招呼，
尊重是一声“对不起”，
尊重是一句“谢谢你”。

不迟到是学生对 __________ 的尊重；
不拖堂是老师对 __________ 的尊重；
不随地吐痰是对 __________ 的尊重；
不闯红灯是对 ____________ 的尊重。

酒后不驾车是对___________的尊重；
车上不吸烟是对___________的尊重；
不浪费一粒粮食是对_______的尊重；
不乱花一分钱是对_________的尊重。

尊重是不喊错别人的名字；
尊重是不记错别人的电话；
尊重别人的人不忘尊重自己；
尊重自己的人懂得尊重他人。

为了尊重，
我们不在公共场合大声谈笑。
为了尊重，
我们不会忘记会上关掉手机。
为了尊重，
我们一定要准时赴约。
为了尊重，
我们一定不能轻易食言。

尊重是我们最重要的美德，
尊重是社会和谐必需的规则。

尊重别人就是尊重自己，
尊重自己就是尊重他人。

让我们擎起双手，
共同托起尊重的蓝天。
让我们脚踏实地，
共同实践尊重的诺言。

读一读

填完之后，请全班同学一起来读一读吧！

小链接

怎样才能学会理解和尊重他人

1. 待人真诚坦率

在与人交往时，要真诚坦率地向他人敞开自己的内心世界，实事求是地表达自己的思想情感。要做到真诚坦率并不是一件容易的事，比如老师和同学们谈心的时候，其实很想听听大家的心里话，因为只有通过这样，老师才能更好地和同学进行交流，才能帮助大家取得更大的进步。假如学生一味地低着头不说话或者是只把这种谈心当做耳边风，就容易产生隔阂。其实当他能把自己的真实内心体验说出来时，会有一种非常愉快的感觉，这就是真诚。

2. 重视、信任与认可他人

信任往往能创造出美好的境界，要把他人看做是具有独特地位、价值和个性的人，像对待自己那样给予他人重视和信任。不能因为每个人所处的社会、经济、家庭等环境和条件不同，而不重视条件和境遇不好的人，正确的态度应该是一视同仁地平等对待，这是做到理解他人的基本保证。正因为人们来自不同的生活环境，处于不同的生活条件之中，所以大千世界中的人们才有着各自独特的世界观、情感、价值和个性等，这是彼此之间需要相互理解的客观原因。这就要求把任何人都当做是具有独特地位、价值和个性的人来对待，但重视、认可并不等于盲目赞同，也不等于迁就错误。

3. 学会主动倾听

主动倾听指的是对他人表达出来的思想与情感，要以积极主动的态度，认真地给予关注、重视与理解。但这并不意味着我们一定要对他人的思想与情感表示赞成或反驳。而是要通过认真倾听，了解体会别人的思想情感。

4. 设身处地地替他人着想

设身处地指的是站在他人的立场或角度上，想他人所想的问题，急他人所急的事情，体会他人的感受。要理解和尊重他人，关键在于要为人着想，即学会站在他人的立场上思考问题，要体谅别人的难处，照顾别人的困难，设身处地地替他人着想。

试一试

游戏：说我，说你

【游戏目的】

尊重是沟通的第一法则。

【游戏规则】

1. 自由组合，两人一组。

2. 两人面对面，用 2 分钟时间和对方沟通。说话的时候只能以“我”为主语，不能不说话，也不能说“你”怎么样怎么样。

3. 两人面对面，用 2 分钟时间和对方沟通。说话的时候只能以“你”为主语，不能不说话，也不能说“我”怎么样怎么样。

【游戏感悟】

当别人和你说话时一直说“我如何如何”，你有何感受？

____

当别人和你说话时一直说“你如何如何”，你有何感受？

____

这个游戏给你的启发是：______________________________

____

做一做

游戏：独角戏

【游戏目的】

人人都需要别人的认同。

【游戏道具】

纸、笔、写有反应要求的卡片。【见电子资源包“第五单元”→“模块二”文件夹。】

【游戏规则】

每一轮游戏由一位参与者做独白，其他同学根据卡片指示作出反应。

1. 学生拿出纸和笔，写下自己最想和别人分享的事情。

2. 从参与者中随意挑选一名作为演讲者，发表 2 分钟左右的关于最想分享的事情的演讲。

3. 教师给出写有反应要求的卡片。

4. 演讲者站在讲台上，与全班同学分享自己最想分享的事情。

5. 其他同学根据提示卡片作出反应。

6. 换人上台演讲，几轮之后，全班同学就这个游戏的体会展开讨论。

【游戏感悟】

当你讲话的时候，别人____________________，你的感受是什么？（积极的反应）

当你讲话的时候，别人______________，你的感受是什么？（消极的反应）

当别人正在讲话，你在 ______________，设想他的感受会是什么？

世界上任何人都不可能完美无缺，我们没有理由以高山仰止的目光去仰视别人，也没有资格用不屑一顾的神情去嘲笑他人。即使别人在某些方面不如自己，我们也不能用傲慢和不敬去伤害别人的自尊。

当我们和别人发生矛盾时，要做到冷静，心中有他人，我们不能只认定自己的立场是对的，应该善于站在他人的立场考虑问题，全面地分析原因，认识到别人的难处，消除矛盾，化解隔阂。

理解和尊重不是盲目的崇拜，更不是肉麻的吹捧，不是没有原则的廉价奉迎，更不是没有自尊的低三下四。假如自己在有些地方不如他人，我们也不必以自卑或嫉妒去代替理应有的尊重。

学会了理解尊重别人，就学会了尊重自己，也就学会和掌握了人生的一大要义。

活动感言

活动延伸

写出关于理解与尊重他人的名人名言（5 句）。

模块三　宽以待人

以和为贵，宽容是金

活动导航

明朝皇帝宪宗朱见深曾经画过一幅画——《一团和气图》。画上的人物由于开怀大笑，浑身缩成了一个滚圆滚圆的大球。但仔细分辨则会看出，这幅人物像虽只有一副面孔，实际上却是三个人的身体合在一起的。看了这幅画，你能理解画中蕴含了什么意思吗？

____

____

活动设计

一、设计背景

现在的中职生基本上都是独生子女，大多是在父母与家人的关心、包容甚至溺爱下长大的，大多已习惯了别人对自己的呵护、宽容，却不知道要与人友好相处，宽以待人。因此在同学交往的过程中常常会为一些小事发生矛盾，产生误会，而又缺乏解决矛盾、化解矛盾的经验和方法，往往会产生人际交往的焦虑、障碍，长期下去也会影响同学们的身心健康和良好个性的形成。通过此主题活动，引导同学们以和为贵，学会宽容。

二、活动目标

1. 明白人与人之间发生矛盾在所难免，要正确对待和解决矛盾。
2. 严于律己，宽以待人，做一个心胸宽广的人。
3. 培养同学们换位思考、多角度思考问题的能力，培养同学们律己宽人的优秀品格。

三、活动形式

感悟探究、小型故事会、小组讨论。

四、活动地点

教室。

五、活动准备

1. 同学们预先从图书报刊、广播电视和网络上搜集有关“以和为贵”、“宽容”的小故事、谚语等资料。
2. 准备宽容相关的心理测验。
3. 多媒体教学设备。

活动过程

一、宽容是文明的考核标准

智慧艺术告诉我们，宽容就是一门艺术、一门做人的艺术。宽容待人就是在心理上接纳别人，理解别人的处世方法，尊重别人的处世原则。我们在接受别人的长处时，也要接受别人的短处、缺点。这样，我们才能真正地和平相处，社会才和谐。

看一看

观看视频《越野车高架桥斗气别车　车主大打出手互不相让》

【见电子资源包“第五单元”→“模块三”文件夹。】

在这段拍摄于2012年7月17日的视频里，我们看到在南京的一条高架桥上，一辆红色无牌照越野车霸气十足地在前面来回晃悠，它的轨迹跨越几条车道，就是不让后面的车超过去，甚至急踩刹车来别车，看上去还真是够危险的。终于，后面的这位驾驶员被激怒了，斗起气来。旁边的车辆纷纷鸣笛警示，赶紧躲避。

谈一谈

从这个视频里，我们明白了什么道理？为什么说心宽了，道路也就宽了？谈一谈你的体会。

小链接

关于宽容的谚语

有时宽容引起的道德震动比惩罚更强烈。

——前苏联　苏霍姆林斯基

唯宽可以容人，唯厚可以载物。

——明　薛渲

人心不是靠武力征服，而是靠爱和宽容大度征服的。

——荷兰　斯宾诺沙

一个伟大的人有两颗心：一颗心流血，一颗心宽容。

——黎巴嫩　纪伯伦

不责人小过，不发人阴私，不念人旧恶。三者可以养德，也可以远害。

——明　洪应明

二、做一个宽容的人

听一听

讲故事：《仇恨袋》、《钉子》

【学生讲述，教师提供故事文本。见电子资源包“第五单元”→“模块三”文件夹。】

说一说

这两个故事给你的启发是：

议一议

遇到以下情况，你会选择怎么处理？

1. 同宿舍的小倩没经过我同意，就将我听音乐的耳机拿去了，害我没法听音乐。

2. 今天在饭堂排队打饭，一个同学老想插队，我指出他的不对，他居然对我出言不逊，还威胁要收拾我。

3. 朋友小刚又来向我借钱了，这已经是第四次了，说是要逃课去上网，我还该借给他吗？

4. 那天经过学校停车场，看到同班同学小李在撬一辆电动车的车锁，虽然我觉得偷窃行为不好，可是也没有举报他的打算。

试一试

游戏：扎气球

【游戏规则】

1. 用牙签去扎吹胀的气球，但是扎破气球的时候，气球不能发出“啪”的爆炸声。

2. 分组，各组派 1 名代表。

3. 各代表上台用牙签扎气球，要求不能发出爆炸声，否则游戏视为失败。

4. 如果有同学扎破了气球并没有发出爆炸声，请这位同学介绍方法。如果没有同学能做到这个标准，则请老师示范扎破气球。

【游戏感悟】

通过这个小游戏，请你总结一些与人相处时以和为贵的技巧或方法。

写一写

对宽容度的自我检查：

我身上有不宽容的影子吗？

曾经发生过这样的事情，我觉得自己不够宽容：

假如时间可以倒流，那件事情我会选择这样做：

____

唱一唱

全班合唱《让世界充满爱》

【见电子资源包“第五单元”→“模块三”文件夹。】

让世界充满爱（词曲：郭峰）

轻轻地捧起你的脸，为你把眼泪擦干。这颗心永远属于你，告诉我不再孤单。深深地凝望你的眼，不需要更多的语言。紧紧地握住你的手，这温暖依旧未改变。我们同欢乐，我们同忍受，我们怀着同样的期待。我们共风雨，我们共追求，我们珍存同一样的爱……

澳大利亚著名的畅销书作家安德鲁·马修斯说：“当你的一只脚踩到了紫罗兰的花瓣上时，它却把芳香留在了你的脚上，这就是宽容。”这种解释非常形象、精妙，颇有见地。作家其实是在告诉我们：真正的宽容就是当你被他人伤害时，不仅能忘却自己的伤痛，还能去关注伤害你的人需求什么。一个人对宽容的理解能达到如此境界，相信他已将世界纳入胸中，已然洞悉宽容的真正内蕴：慈悲为怀，利益他人。

活动感言

____

____

____

____

活动延伸

写出八个与宽容有关的成语或典故。

第六单元

优秀品德

模块一　担当责任　责任与角色同在

模块二　诚实守信　立诚信，存美德

模块三　毅力培养　成功，需要你的坚持

模块一　担当责任

责任与角色同在

活动导航

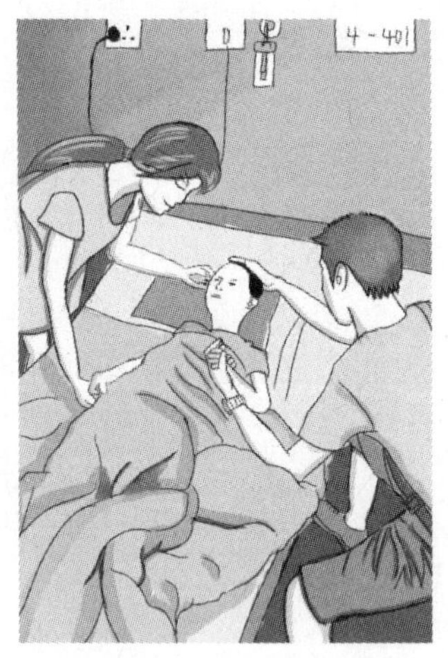

父母照顾生病的孩子

抗洪一线的战士

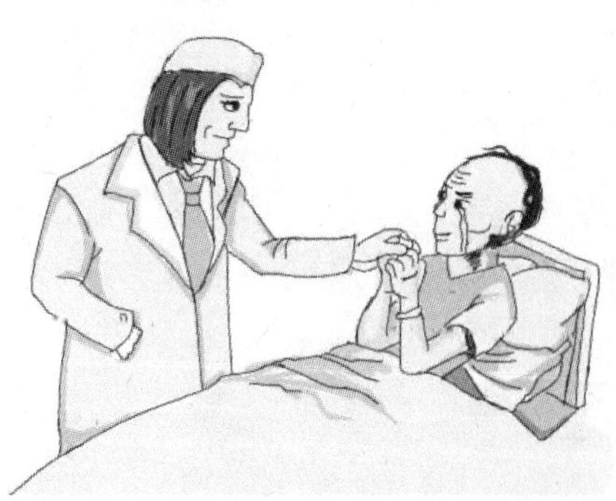

医生细心救治病人

孙女背起年迈的奶奶

图中的父母、战士、医生、孙女分别承担什么样的责任？

____

活动设计

一、设计背景

在众多中国传统的优良品德中，责任感是那样的朴素而又可贵，它源自每个人在家庭、社会中所承担角色的需要，角色不一样，承担的责任也不一样。我们在家庭、学校以及社会中都有不同的角色，但从一些同学的日常行为来看，在家里对父母长辈缺乏礼貌，在学校对班级事务不闻不问，对当今社会热点和国家发展现状更是漠不关心。“事不关己，高高挂起”的态度体现了责任感的缺失，令人担忧。因此，培养同学们的责任心，树立起责任意识刻不容缓。

二、活动目标

1. 通过本次主题活动，提高同学们对责任的认知感悟，加强自我教育和实践能力，为形成正确的世界观、人生观、价值观打下基础。

2. 引导同学们明确自己各阶段的角色，以及对自身和家庭、对他人和集体、对社会与国家应尽的责任和义务，并懂得承担责任。

三、活动形式

感悟探究，小组讨论，行动导向。

四、活动地点

教室。

五、活动准备

请同学们课前搜集名家名言，了解名人和伟人们对责任的理解。例如，雷锋说：“一个人的责任，就是使别人获得快乐。”高尔基说：“天才就是善于工作，热爱工作，对工作有责任心。”

活动过程

一、什么是责任

责任，成就人生

一个 11 岁的美国男孩在踢足球时，不小心将邻居家的玻璃打碎了，邻居愤怒不已，向他索赔 12.5 美元。这 12.5 美元在当时可谓是天文数字，足够买下 125 只生蛋的母鸡了。男孩儿把闯祸的事告诉了父亲，并且忏悔。见儿子为难的样子，父亲拿出了 12.5 美元，说：“这笔钱是我借给你的，一年后要分毫不差地还给我。”男孩赔了钱之后便开始艰苦地打工。终于，经过半年的努力，他把这“天文数字”分毫不差地还给了父亲。这个男孩就是后来的美国总统罗纳德·里根。里根总统后来回忆说：“感谢父亲让我通过自己的劳动来承担过失，使我懂得了到底什么是责任。”

说一说

里根总统说这件事使他懂得了到底什么是责任，你能理解他所说的责任的含义吗？

____

____

____

读一读

责任，重于泰山

那一天阳光微弱，天空不时飘着细雨。一个看似普通的日子，却让杭州全城为之悲伤，因为“最美司机”吴斌在这一天出殡，上万市民自发来到他生前居住的社区，含泪送别英雄。2012 年 5 月 29 日，吴斌驾驶杭州长运集团大型客车在从江苏无锡返回浙江杭州的高速公路上被一块突如其来的铁块击中，导致肝脏破裂及肋骨多处骨折，肺、肠挫伤。在危急关头，吴斌强忍剧痛完成一系列安全停车操作，使 24 名乘客毫发无伤，自己却因伤势过重、抢救无效而献出了宝贵的生命，年仅 48 岁。

说一说

为什么说“最美司机”吴斌是最有责任感的人？请举出你知道的在本职岗位上尽职尽责的先进人物的事例。

____

____

____

____

人最宝贵的品质非责任心莫属，这也是我们每个人都应该具有的最起码的品质。

写一写

写出自己面对不同对象时所扮演的角色和每个角色需承担的责任。

对于父母和长辈来说，我是__________，我的责任是________________________________；

对于学校和老师来说，我是__________，我的责任是________________________________；

对于国家和社会来说，我是__________，我的责任是________________________________。

二、做个有责任感的人

测一测

你有责任感吗

1. 与人约会，你通常会提前一会儿出门，以保证自己能准时赴约吗？　是　否
2. 当你发现自己脚下有纸屑，你会拾起扔进垃圾桶吗？　是　否
3. 你会把零用钱储蓄起来吗？　是　否
4. 发现朋友违规，你会作出善意的提醒吗？　是　否
5. 当外出的你找不到垃圾桶时会把垃圾带回家吗？　是　否
6. 你会坚持运动以保持健康吗？　是　否
7. 你忌吃脂肪性过高和其他有害健康的垃圾食物吗？　是　否
8. 你永远将正事优先去做，完成后再去休闲吗？　是　否
9. 当在你玩得正起兴时，母亲请你帮忙买酱油，你会放弃玩耍吗？　是　否
10. 收到别人的信，你总会尽快回信吗？　是　否
11. 没有警察时，你会遵守交通规则吗？　是　否
12. 你经常拖延交作业吗？　是　否
13. 你经常帮忙做家务吗？　是　否
14. 你会认真对待每一项作业吗？　是　否
15. 每天出门前，你有照镜子的习惯吗？　是　否
16. 当你作业做到深夜还未完成时，你会继续努力直至完成吗？　是　否

说明：

回答“是”的得1分。

分数为13分及以上：你是一个非常有责任感的人。你行事谨慎、懂礼貌、为人可靠，并且相当诚实。

分数为 9～12分：大多数情况下你都很有责任感，只是偶尔有些率性而为，没有考虑得很周到。

分数为 4～8分 ：你的责任感有所欠缺，这将会使你难以得到大家的充分信任。

分数为3分以下：你是个完全不负责任的人。

谈一谈

你是一个有责任感的人吗？在生活学习中，我们应该如何做一个有责任感的人？

____

____

____

1. 对自己负责

做有责任感的人，是社会对我们新世纪的中职生提出的要求，而在责任众多的内涵中最基本的就是对自己负责。试想，一个对自己都不能负责的人怎么可能对其他人和事负责呢？

议一议

分组讨论：什么样的行为是对自己负责的行为？什么样的行为是对自己不负责的行为？

对自己负责的行为：______________________________

____

____

对自己不负责的行为：______________________________

____

____

2. 对家庭负责

在家中，我们满眼是父母的微笑；走出门，我们满耳是父母的叮咛；我们住的是洁净温馨的居室，吃的是可口美味的饭菜。也许你觉得这是你理所应得的，其实，作为家庭的一员、父母的子女，我们在分享家庭欢乐，感受家庭温暖的同时，也需要对家庭有所付出。不是干轰轰烈烈的大事，而是做点点滴滴的小事，尊重父母、理解父母是对家庭的付出，学会自律、承担力所能及的事就是对家庭负责。

想一想

在家中你是个有责任心的人吗？你是如何做的？

____

____

____

____

____

3. 对他人负责

看起来微不足道的小事，却能体现出一个人那份可贵的责任心，折射出一个人闪光的心灵。我们身处集体、团队和社会中，要从点滴做起，对他人负责。

议一议

在我们班级中，你觉得哪些言行是对班级负责任的表现，哪些言行是对班级不负责任的表现？

对班级负责任的言行：____

____

____

对班级不负责任的言行：____

____

____

4. 名言导行

名言是大师们的经典语言，是他们人生的浓缩、思想的精华，让我们用他们的锦言指导我们的言行，浸染我们的灵魂。

小链接

高尚、伟大的代价就是责任。

——丘吉尔

尽管责任有时使人厌烦，但不履行责任只能是懦夫、不折不扣的废物。

——刘易斯

每个人都被生命询问，而他只有用自己的生命才能回答此问题；只有以“负责”来答复生命。因此，“能够负责”是人类存在最重要的本质。

——维克多·弗兰克

每一个人都应该有这样的信心：人所能负的责任，我必能负；人所不能负的责任，我亦能负。如此，你才能磨炼自己，求得更高的知识而进入更高的境界。

——林肯

这个社会尊重那些为它尽到责任的人。

——梁启超

一个人若是没有热情，他将一事无成，而热情的基点正是责任心。

——托尔斯泰

要使一个人显示他的本质，叫他承担一种责任是最有效的办法。

——毛姆

责任就是对自己要求去做的事情有一种爱。

——歌德

先生不应该专教书，他的责任是教人做人；学生不应该专读书，他的责任是学习人生之道。

——陶行知

员工能力与责任的提高，是企业成功之源。

——IBM 公司

责任是一个人最重要的品质，是一个人立足社会的基础，一个人只有具有强烈的责任感，才有可能获得最大的成功。

活动感言

____

____

____

____

活动延伸

1. 课后阅读《致加西亚的一封信》一书，并写一篇关于“责任”的读后感。

有时候，一本看似简单、篇幅短小的书，其中却蕴藏着巨大的能量和魅力。著名作家阿尔伯特·哈伯雷的《致加西亚的一封信》便是这样一本书，一本语句简练却时刻发人深省的惊世巨作。在当今的日本、美国等发达国家里，此书已被各种企业定位为企业管理规范手册，拥有相当高的学习和收藏价值。

人们不禁要问为什么这本书有如此崇高的威望和地位呢？其实这本书里面没有任何的点缀和修饰，更没有字字珠玑的华丽辞藻，但它背后蕴藏着丰富的知识和理念。它可以让读者从中领悟到人生的意义以及价值观。它会让一个人充满敬业的精神、坚强的毅力、真诚的态度、服从的决心以及成功的信仰。剖析此书的精髓，一切的意义全部归结为两个字：责任。书中的军人罗文就是这样一个既普通又满怀志向、身担重任的人。在他心中，上级交付给他的任务高于一切。纵使在众多敌人的威胁以及饱经恶劣摧残的条件下，他都一直坚持不懈地向着目标前进。

作为军人，就是要以服从命令为己任，这种责任早已成为了一种习惯和真理。纵观 20 世纪血雨腥风的战争时期，那些年代里战火弥漫，命令就是生命；那些年代，战士们脑海中只有使命与责任。并非只有罗文拥有如此坚强的意志与思想，能够不畏艰辛与困难，只为一个目标“誓死把信送到加西亚手中”。当今社会，有许多人都一直追随着罗文的脚步前行，努力实现自身的价值。

2. 请同学们坚持每周为家长做一件力所能及的小事，逐渐承担作为儿女的责任。

模块二　诚实守信

立诚信，存美德

活动导航

扶不扶？

如果遇到漫画中这种情况，你会怎么做？

____

____

____

____

2014年春晚舞台上，一个小品节目《扶不扶》受到了广大观众的喜爱，它取材于当下的热门话题：老人跌倒“扶还是不扶”？扶起来后会不会有后顾之忧？小品既表现了当事人的矛盾心理，又有路人的道德拷问，现实观感强烈，台词既幽默又富有哲理，尤其是结尾处那句“人倒了，还可以扶起来；人心倒了，咱想扶都扶不起来了”，因为直指社会现实，爆笑吐槽中传达正能量而引起老百姓的共鸣和社会舆论的深思。

活动设计

一、设计背景

诚信作为人与人之间相互交流交往的信誉保证，是一个社会健康运行的保障。一个社会的诚信状况决定着这个社会的运行状态。然而近年来，社会的诚信缺失问题越来越严重，不禁让人忧心忡忡。同学们作为国家的未来，应该从现在起养成讲诚信、守道义的好习惯，引导社会风气和公民道德的健康发展。

二、活动目标

1. 让同学们明确诚信的含义，理解诚信在为人处世和个人成长中的重要地位。

2. 培养同学们观察、分析能力、为人处世与社会生活的能力以及明辨是非的能力，引导同学们践约守信，诚实做人。

3. 增强对他人、对社会的责任感，树立正确的为人处世态度和守信为荣、失信可耻的道德观念，大力弘扬中华诚实守信美德。

三、活动形式

小组讨论、案例分析。

四、活动地点

教室。

五、活动准备

1. 请同学们课前看一看小品《扶不扶》。

2. 请同学们收集一些与“诚信”有关的成语、故事、格言、古训。

活动过程

一、什么是诚信

诚，即真诚、诚实；信，即遵守承诺、讲信用。诚信的基本含义是守诺、践约、无欺。诚信是为人处世的基本原则，也是治理国家必须遵守的规范，调节着人与人之间的关系，维系着社会秩序。做人需要诚信，诚信赢得尊严。“无诚则有失，无信则招祸。”诚信是人的一张脸，他写着你的品德和操行。小胜靠智，大胜靠德。《中学生日常行为规范》中也特别规定：中学生应该守信，答应别人做的事要按时做到，做不到时表示歉意。

1. 诚信是立身之本

诚信是一个人安身立命的基础，是一个人立足社会的通行证，是一个人生存和发展的重要条件，是我们做人的基本准则，是人生最重要的财富。

想一想

你会录取他吗

有一个年轻人走在漫长的人生道路上，到了一个渡口的时候，他已经拥有了“健康”、“美貌”、“诚信”、“机敏”、“才学”、“金钱”、“荣誉”七个背包。船到江心，突然风起浪涌，小船上下颠动起来。艄公说：“船小负载重，客官必须丢弃一个背包方可安渡难关。”年轻人哪一个背包都不舍得丢，思索了一会儿，把“诚信”丢进了水里。

现在，这位年轻人带着他剩下的六个背包来到了某银行应聘，假如你是负责招聘的该银行的主管，你是否会让他成为你们单位的一员？

____

____

____

____

2. 诚信是交往之道

读一读

诚信超人——李嘉诚的故事

李嘉诚在创业初期，资金极为有限。一次，一个外商希望大量订货，但他提出需要有富裕的厂商替李嘉诚作担保。李嘉诚努力跑了好几天，仍一无着落，但他并没有捏造事实或是含糊其辞，而是一切据实以告。那位外商被他的诚信所深深感动，对他十分信赖，说：“从阁下言谈之中看出你是一位诚实的君子，不必其他厂商作保了，现在我们就签约吧。”虽然这是个好机会，但李嘉诚感动之余还是说：“先生，蒙你如此信任，我不胜荣幸。但我还是不能和你签约，因为我资金真的有限。”外商听了，更加佩服他的为人，不但与之签约，还预付了货款。这笔生意使李嘉诚赚了一笔可观的钱，为以后的发展奠定了基础。由此，李嘉诚也悟出了“坦诚第一，以诚待人”的原则，并以此获得了巨大的成功。

说一说

为什么外商在没有担保的情况下还会和李嘉诚签订合同并预付货款呢？

____

李嘉诚为什么会在以后获得巨大的成功呢？

____

读一读

信义兄弟感动中国

2009年底，做建筑工程的孙水林为赶在年前给农民工结清工钱，在返乡途中遭遇车祸不幸遇难。弟弟孙东林为了完成哥哥的遗愿，强忍悲痛，在大年三十前一天将工钱送到了农民工的手中。因为哥哥离世后，账单多已不在，孙东林让民工们凭着良心领工钱，大家说多少钱就给多少钱，钱不够，孙东林就贴上了自己的六万多元和母亲的一万元。就这样，在新年来临之前，六十多名民工如愿领到了工钱，孙东林如释重负。兄弟俩的诚信之举深深地打动了全国人民。孙水林、孙东林20年来坚守“新年不欠旧年账，今生不欠来生债”的承诺在社会上广为传播，这兄弟俩被人们称为“信义兄弟”。

孙东林兄弟重信义的消息传开之后，许多民工慕名前来跟着孙东林一起干。

谈一谈

为什么民工愿意跟孙东林一起干？

具有诚信品德，坚持诚信做事，才会获得信任和尊重，才能形成交往和合作，才能享有信誉和成功。诚信是交往之道。实事求是、对事负责是诚信的基本要求。

3. 诚信是社会的通行证

比一比

案例一：创办于1669年的同仁堂，虽经历了300多年的时代变迁和风风雨雨，但“炮制虽繁必不敢省人工，品味虽贵必不敢减物力”的祖训始终不变。这使同仁堂数百年不衰，并获得“天下第一中药店”的殊荣。

案例二：某年中秋节前，某著名老字号用上一年的陈陷做月饼，坑害消费者事件被曝光。该事件影响了6成多消费者购买月饼的意愿；有14%的消费者表示该年不会买月饼。中国科学院心理研究所马谋超研究员说，这一事件还可能会对中国传统节日文化产生负面影响。一夜间该老字号的声誉扫地，不久便被迫申请破产。

同是百年老店，为什么同仁堂会名扬四海、生意兴隆，而案例二中的老字号会声誉扫地、申请破产呢？

诚信，就个人而言，是高尚的人格力量；就企业而言，是宝贵的无形资产；就社会而言，是保障有序发展的通行证。

二、做一个诚实守信的人

诚实守信是人的高尚品格，是最重要的交往品德，是社会立足的通行证。一个人要想在社会立足，干出一番事业，就必须具有诚实守信的品德。“不信于一时，则不信于一世”，因此我们从现在起就要在学习、工作和生活中，以诚信为本，踏实做人，为学要严，为人要正，做一个德才兼备的人。

读一读

无人报摊，温暖人心

在贵州省贵阳市有一个由一张桌子、一个鞋盒、一叠报纸组成的简易“无人报摊”。这个无人报摊自从挂出“投币取报”的牌子，至今从未“差过钱”。摊主名叫黄友翠，年过六旬，她说她这样卖报已有将近十个年头，从未差过钱。事实上，“无人报摊”非但没差过钱，相反，还经常多出几块钱来。原来，报摊上有 3 角、5 角、1 元不等的报纸，有人取份 5 角钱的报纸往鞋盒里放 1 元，也不找零。黄奶奶发现后总是过意不去，周围的人说，那是大家的好意，体谅她的辛苦。这一“无人报摊”至今还在经营，与其说是无人监守的小报摊，不如说是在继续考证这个城市诚信的文明程度和公众对诚信行为的支持与鼓励。

测一测

诚信调查问卷

1. 选择题

（1）拾到他人钱包，你会（　　）。

A．据为己有

B．找到失主，交还钱包

C．交还钱包，索要报酬

（2）假如爸爸妈妈拒不赡养爷爷奶奶，你会（　　）。

A．视而不见

B．心里不满，无可奈何

C．说服爸妈，改变态度

（3）假如你是推销员，明知你推销的商品有缺陷，你应对顾客（　　）。

A．讲清商品的真实情况

B．只讲优点，不讲缺陷

C．什么也不说，由顾客自己决定

2. 请在符合自身情况的表格中打“√”。

项　目	从未出现	偶尔出现	经常出现
欺骗过老师和家长			
抄袭别人的作业			
考试作弊			
言而无信			

3. “诚信是一种理想化的美德，现实生活中做不到，讲诚信者往往吃亏”这种说法对不对？请谈谈你的看法。

____

____

____

4. “有人认为自己是讲诚信的，但别人不讲，我也只好不讲了”这种说法对不对？请谈谈你的看法。

____

____

____

议一议

实际生活中你遇到此类事情怎么办

如果你遇到了如下的情况，你会怎么做？说说你的理由。每组派代表抽取情景，小组讨论，一人作记录。

情景一：　一天，小华在上学路上捡到一个皮包，发现里面有身份证、支票夹、人民币 300 元。他不假思索地按照身份证上的联络方式将皮包完璧归赵，并婉言谢绝了失主给他的奖金。又一天，小华在本班门口捡到 50 元人民币，如果你是小华，你会怎么做？

____

____

____

____

情景二：在调酒课上，你的同伴打破了一个酒杯，他让你帮忙隐瞒，老师问你时你会怎么说?

____

____

____

____

情景三：你的好朋友小明父母离异了。他只把此事告诉了你，并说不想让第三个人知道。另一个好友小刚却问到了此事，你会对小刚说什么？

____

____

____

____

情景四：周兵和宋杰是好朋友，他们曾经许诺不管谁遇到困难，一定要互相帮助。这天周兵想抄宋杰的作业，宋杰没同意，他生气地说："这点忙都不帮，真不讲信用。"你对这件事怎么看？

____

____

____

____

要养成诚信的优良品质，我们应该从小就开始培养诚实守信的好品质，平时就要严格要求自己，做到表里如一，言而有信。正确理解诚信原则做一个诚信的人。

小链接

诚信格言

1. 人而无信，不知其可也。
2. 民无信不立。
3. 人背信则名不达。
4. 如果要别人诚信，首先要自己诚信。
5. 诚实是人生的命脉，是一切价值的根基。
6. 失去了诚信，就等同于敌人毁灭了自己。
7. 精诚所至、金石为开。
8. 君子诚以为贵。
9. 身不正，不足以服；言不诚，不足以动。
10. 言必信，行必果

时代的进步推动着观念的更新，随着社会主义现代化的发展，社会生活发生巨大而深刻的变化赋予诚信这一传统美德日益丰富的时代内容，也促使人们对诚信的理解从伦理道德的范畴提升到制度建设的层面。诚信不仅是一种品行，更是一种责任；不仅是一种道义，更是一种准则；不仅是一种声誉，更是一种资源。就个人而言，诚信是高尚的人格力量；就企业而言，诚信是宝贵的无形资产；就社会而言，诚信是正常生产生活的规则；就国家而言，诚信是良好的国际形象。

活动感言

____

____

____

活动延伸

1. 同学们利用课余时间设计一期关于诚信的黑板报。
2. 合作完成一份“呼唤诚信，共筑诚信”的倡议书。

模块三 毅力培养

成功，需要你的坚持

活动导航

马拉松是一项长跑比赛项目，其距离为42.195千米。这个比赛项目距离的确定要从公元前490年9月12日发生的一场战役说起。这场战役是波斯人和雅典人在离雅典不远的马拉松海边发生的，史称希波战争，雅典人最终获得了反侵略战争的胜利。为了让故乡人民尽快知道胜利的喜讯，统帅米勒狄派一个叫菲迪皮茨的士兵回去报信。菲迪皮茨是个有名的“飞毛腿”，为了让故乡人早知道好消息，他一个劲地快跑，当他跑到雅典时已上气不接下气，激动地喊道：“欢……乐吧，雅典人，我们……胜利了。”说完就精疲力竭倒在地上。为了纪念这一事件，在1896年举行的现代第一届奥林匹克运动会上设立了马拉松赛跑项目，把当年菲迪皮茨送信跑的里程——42.195千米作为赛跑的距离。

马拉松比赛除了要考验一个人的体力，还考验一个人的决心和毅力。名次并不是最重要的，你能坚持跑完全程就已经是胜利者了。

俗语说：“人生如马拉松。”以此来形容马拉松的漫长。马拉松比赛是对体力、耐力、毅力极限的考验，试想一个内心不够强大的人怎么能有挑战马拉松比赛的勇气。其实，敢于跨过那条起跑线就是一种胜利。

马拉松运动员需要具备什么样的品质？

____

____

____

活动设计

一、设计背景

毅力是人的一种“心理忍耐力”，是一个人完成学习、工作、事业的“持久力”。当它与人的期望、目标结合起来后，它会发挥巨大的作用。毅力是许多心理因素共同作用的结果，这些因素包括愿望、信心、明确的目标、有组织的计划、行动、习惯、人生观等，任何一个环节做不好都会影响毅力。毅力的强弱在很大程度上决定了能否成功。因此，毅力的培养刻不容缓。

二、活动目标

1. 通过本次活动，培养同学们完成任务持之以恒的心理素质。

2. 通过本次活动，使同学们明白做什么事都需要专心加毅力才能成功的道理。

三、活动形式

感悟探究、小组讨论。

四、活动地点

教室。

五、活动准备

1. 同学们课前收集有关“毅力”的格言和故事。

2. 填写测试意志品质的一份表格。

活动过程

一、毅力与成功

毅力也叫意志力，是人们为达到预定的目标而自觉克服困难、努力实现的一种意志品质；毅力是人的一种“心理忍耐力”，是一个人完成学习、工作、事业的“持久力”。当它与人的期望、目标结合起来后，它会发挥巨大的作用；毅力是一个人敢不敢自信、会不会专注、是不是果断、能不能自制和有没有忍受挫折的结晶。

1. 毅力对成功有决定意义

在所有的成功者中，有没有毅力、坚强不坚强起着决定性的作用；而对失败者来说，缺乏毅力几乎是他们共同的毛病。所以毅力极其重要，也很可贵。毅力会帮助你克服恐惧、沮丧和冷漠，会不断地增加你应付、解决各种困难问题的能力，会将偶然遇到的机遇转变为现实，会帮助你实现他人实现不了的理想……因此，古今中外的先人、哲人、伟人、名人都对它作出了高度的评价。

说一说

“红军不怕远征难，万水千山只等闲……” 这些诗句出自毛泽东主席所写的《长征》。长征是中国革命的伟大壮举，长征是宣言书，长征是播种机，它使中国革命从胜利走向更大的胜利。红军长征是世界历史上的一个军事壮举，中国各方面军，特别是红一方面军，1934

年开始从中央苏区辗转11个省，历时1年，穿越了两万五千里，在国民党军队的围追堵截下翻雪山、过草地，这个刚刚诞生不久的队伍爆发着磅礴的生机和惊天的意志，战士们凭借惊人的毅力创造了中国革命史上的一个奇迹。

红军战士为什么能创造革命史上的奇迹？

____

____

____

2. 毅力是实现理想的桥梁

毅力是实现理想的桥梁，是驶往成才的渡船，是攀上成功的阶梯。通往成功的道路往往充满荆棘、坎坷不平，会有许多障碍险阻。有作为的人，无不具有顽强的意志、坚韧不拔的毅力。

猜一猜

进化论创始人达尔文写《物种起源》用了__________年。

我国古代大医学家李时珍写《本草纲目》花费了__________年。

天文学家哥白尼写《天体运行论》用了__________年。

马克思写资本论用了40年，大文豪歌德写《浮士德》用了__________年。

郭沫若翻译《浮士德》用了__________年。

这些中外巨人的伟大成果无一不是理想、智慧与毅力的结晶。还有一些科学家为坚持真理付出了鲜血与生命。例如，赛尔维特发现了血液循环，被宗教徒活活烤了两小时；布鲁诺提出了宇宙无限论，被罗马教廷关了7年，最后被判火刑。顽强的毅力是他们成为巨人的一个必备的重要条件。

小链接

卧薪尝胆

公元前496年，吴王阖闾派兵攻打越国，但被越国击败，阖闾也伤重身亡。两年后阖闾的儿子夫差率兵击败越国，越王勾践被押送到吴国做奴隶。勾践忍辱负重伺候吴王三年，夫差才对他消除戒心并把他送回越国。其实，勾践并没有放弃复仇之心，他表面上对吴王服从，但暗中发展生产，秣马厉兵，等待时机反击吴国。勾践生活节俭并且时刻不忘曾被灭国的耻辱，他害怕自己会贪图眼前的安逸，消磨报仇雪耻的意志，所以他为自己安排艰苦的生活环境。他晚上睡觉不用褥，只铺些柴草（古时叫薪），又在屋里挂了一只苦胆，他不时会尝尝苦胆的味道。

在人生的通路上，毅力是铁，它能让你坚强不屈，战斗不止。毅力是钢，无论前面有多少艰难困苦，它能始终载着你勇往直前，乘风破浪。理想若是美丽的山峰，毅力就是山路。人生道路上，理想不可缺少，倘若没有坚强的毅力，再美丽的理想也随之落空。忍耐虽然痛苦，果实却香甜。顽强的毅力可以征服世界上任何一座高峰。

二、培养毅力

毅力是成功的基石，没有毅力将一事无成。毅力需要时间的考验，培养毅力需要正确的方法。

读一读

一步之遥，两种人生

在大学校园里，学生食堂炒菜的师傅只能属于“边缘”里的小人物，尤其是在清华大学这样世界级的著名学府里。然而，一切都不是绝对的，当你因一种目标执著地坚持着，你就完全会打破命运与社会既有的认定。你也许就会超越自身的局限，成就崭新的自我。于是，你就会从“边缘”走入“主流”，会从“小人物”变成众目睽睽下的明星。

张立勇是清华大学十五食堂的厨师，因为贫困，他高中辍学，在外打工十年。打工期间，他自学英语，先后通过国家英语四、六级考试，托福得了630分，被清华学生称为“馒头神”。

张立勇用亲身经历为我们演绎了普通而又平凡的人生是如何变得不普通不平凡的。清华、农民工、托福、英语、厨师如此众多毫不相干的关键词因他那种坚持不懈的精神而实现了一种神奇的链接。其实，他仅仅只比我们多坚持了一步，然而，这一步恰恰是最关键的一步，也就是我们所说的一百步和九十九步的区别。一步之遥，造就了两种人生。

想一想

“馒头神”是如何一步步实现自己的理想的？他比我们多了哪一步？

我们身边有哪些同学因坚持自己的目标而让你感动？反思自己在平时的学习过程中缺乏哪些精神品质？

____

____

____

____

看一看

观看视频《士兵突击（片段）》

【见电子资源包“第六单元”→“模块三”文件夹。】

许三多是最笨的兵，他单纯、愚蠢，却进了老A。

他只凭着仅有的两个优点，即善良和毅力。

他可以在别人的质疑中“傻乎乎”地在风沙里修一条没有人会重视的路。

他可以在一群颓废、涣散的人中每天坚持踢正步，叠方块被子。

他可以在别人的嘲笑和不屑里坚持做300多个单杠翻。

他可以从十几米跌落后拖着半条命到达下一个实战基地。

他的勇气和坚持改变了他的命运，让它成为了最优秀的战士。

谈一谈

“许三多精神”是怎样养成的？

____

____

____

____

1. 明确的目的

培养毅力的第一步是知道自己想要什么。强烈的动机会驱使人克服困难。毅力的真谛是战胜自己，坚定的毅力来自远大的理想。伟大的毅力只为伟大的目的而产生。

2. 欲望

如果对追求的目标充满强烈的欲望，那么相对容易形成坚定的毅力。

3. 自信

相信自己有能力实施一项计划会激励人坚持不懈地遵循计划。

4. 明确的计划

条理清晰的计划，哪怕计划不周全或并不完全可行，也会激励人的毅力。

5. 认清自我

知道自己的计划非常可靠，再加上经验或间接知识，会激励人的毅力。

6. 意志力

集中精力为实现一个确定的目标而创建计划，会使人产生毅力。

7. 合作

对他人的同情、理解以及密切的合作往往使人产生毅力。

8. 习惯

毅力是习惯的结果。在平常的生活中，一旦良好的习惯成为潜意识中的东西，那么，一切将出乎于心，出乎于自然，不会因为对目标的坚持不懈而需要特别坚强的意志，忍受内心的煎熬。

喊一喊

全班同学一起喊三声“我可以”。

第一句告诉自己“我可以……”

第二句告诉在场各位老师和同学“我可以……”

第三句告诉世界“我们一定可以……”

相信自己，别人行，你也行！我们需要的是坚持和勤奋！

活动感言

____

____

____

活动延伸

毅力自我测试题：

下面20道题，请仔细阅读题干，然后在四个选项中选择一种（只能选择一种），画上“√”号。

1. 我很喜爱长跑、远途旅行、爬山等体育运动，但并不是因为我的身体条件适合这些项目，而是因为它们能使我更有毅力。

A. 很同意　　B. 比较同意　　C. 不大同意　　D. 不同意

2. 我给自己订的计划常常因为主观原因不能如期完成。

A. 这种情况很多　　B. 较多　　C. 较少　　D. 没有

3. 如没有特殊原因，我能每天按时起床，不睡懒觉。

A. 很同意　　B. 较同意　　C. 不大同意　　D. 不同意

4. 订的计划应有一定的灵活性，如果完成计划有困难，随时可以改变或撤销它。

A. 很同意　　B. 较同意　　C. 无所谓　　D. 不同意

5. 在学习和娱乐发生冲突的时候，哪怕这种娱乐很有吸引力，我也会马上决定去学习。

A. 经常如此　　B. 较经常　　C. 较少如此　　D. 并非如此

6. 学习或工作中遇到困难的时候，最好的办法是立即向师长、同志、同学求援。

A. 同意　　B. 较同意　　C. 无所谓　　D. 反对

7. 在练长跑中遇到生理反应，觉得跑不动时，我常常咬紧牙关，坚持到底。

A. 经常如此　　B. 较常如此　　C. 较少如此　　D. 并非如此

8. 我常因读一本引人入胜的小说而不能按时睡眠。

A. 经常有　　B. 有时候　　C. 较少　　D. 没有

9. 我在做一件应该做的事之前，常能想到做与不做的好坏结果而有目的地去做。

A. 经常如此　B. 有时候　C. 较少如此　D. 并非如此

10. 如果对一件事不感兴趣，那么不管它是什么事，我的积极性都不高。

A. 经常如此　B. 有时候　C. 较少如此　D. 并非如此

11. 当我同时面临一件该做的事和一件不该做却吸引着我的事时，我常常经过激烈斗争，使前者占上风。

A. 是　B. 有时是　C. 很少这样　D. 不是

12. 有时我躺在床上，下决心第二天要干一件重要的事情（例如，突击学一下外语），但到第二天这种劲头就消失了。

A. 常有　B. 较常有　C. 较少　D. 没有

13. 我能长时间做一件重要但枯燥无味的事情。

A. 是　B. 有时是　C. 很少这样　D. 不是

14. 生活中遇到复杂情况时，我常常优柔寡断，举棋不定。

A. 常有　B. 有时有　C. 很少有　D. 没有

15. 做一件事之前，我首先想的是它的重要性，其次才能想它是否使我感兴趣。

A. 是　B. 有时是　C. 很少是　D. 不是

16. 我遇到困难情况时，常常希望别人帮我拿主意。

A. 是　B. 有时是　C. 很少是　D. 不是

17. 我决定做一件事时，常常说干就干，决不拖延或让它落空。

A. 是　B. 有时是　C. 很少是　D. 不是

18. 在和别人争吵时，虽然明知不对，我却忍不住说一些过头话，甚至骂他几句。

A. 时常有　B. 有时有　C. 很少有　D. 没有

19. 我希望做一个坚强的有毅力的人，因为我深信“有志者事竟成”。

A. 是　B. 有时是　C. 很少是　D. 不是

20. 我相信机遇，好多事实证明机遇的作用有时大大超过人的努力。

A. 是　B. 有时是　C. 很少是　D. 不是

计分方法：凡单序号题（1、3、5……），题后四种回答依次计 4、3、2、1 分；凡双序号题（2、4、6……），题后四种回答依次计 1、2、3、4 分。

86～100 分：意志很坚强。

66～88 分：意志较坚强。

46～65 分：意志力一般。

26～45 分：意志较薄弱。

0～25 分：意志很薄弱。

第七单元

学会感恩

模块一　感恩父母　拥抱亲情

模块二　感恩老师　谁言寸草心，报得三春晖

模块三　感恩社会　心系社会，感恩一切

模块一　感恩父母

拥抱亲情

活动导航

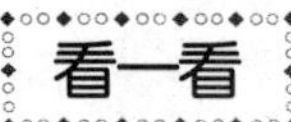

观看视频《感恩的心》

【见电子资源包“第七单元”→“模块一”文件夹。】

当你还很小的时候，
是谁教会你洗脸，教会你梳头发，
教会你穿衣服、绑鞋带、系扣子；
是谁花了很多时间，教你用勺子、用筷子吃东西。
有一天，他们变老了，
他们开始忘记了系扣子、绑鞋带，
他们有点接不上话，开始啰啰唆唆重复一些老掉牙的故事。
请不要怪罪他们，不要催促他们，
因为你在慢慢长大，而他们在慢慢变老……

父母已经为我们倾注了十几年的辛劳和汗水，此时此刻在看完这段视频之后你想对他们说些什么？百善孝为先，扪心自问，我们做到了吗？

活动设计

一、设计背景

感恩是社会上每一个人都应该有的基本道德准则，是做人最起码的修养，也是人之常情。然而在物欲横流的现代社会，感恩已经被不少麻木而浮躁的现代人所疏远和淡漠了，他们总以“理所当然”来搪塞父母、亲戚、朋友、他人的关爱。尤其是新一代的掌上明珠们这种感恩之心尤为缺失，很多孩子每天坐享父母的关爱，每天接受父母的教导却视而不见，甚至恶语相向。事实上，不懂得感恩就失去了爱父母的感情基础，连自己的父母都不爱的人又怎么可能爱事业、爱国家？

二、活动目标

1. 通过感恩教育引导同学们反思、体会和感受父母的养育之恩，表达对父母的感恩之情。
2. 让同学们学会理解父母，并以实际的行动报答父母，努力学习。

三、活动形式

感悟探究、行动导向、小组讨论、头脑风暴。

四、活动地点

教室。

五、活动准备

1. 收集相关感恩父母的视频、事例。
2. 调查学生孝敬父母的情况。
3. 准备多媒体设备。

活动过程

一、感念亲恩

自从我们来到这个世界上，父母为我们付出了无私的爱，母亲永远给我们遮挡风雨，父亲一直牵着我们的手。父母的爱是寒冬里的一把火，是黑暗里的一束光明，父母的爱是崇高的、无私的和伟大的！

读一读

六旬老父捐肾救子

2003 年 2 月，湖北 60 岁的农民父亲胡介甫将自己的肾脏移植给了患“尿毒症”的儿子，固执的父亲不容拒绝地告诉儿子胡立新：“没什么比你的命更重要？我宁可自己没命，也不能看着你死！”

年轻母亲舍身救儿

2004 年 8 月 27 日下午，沈阳市五里河公园 5 岁的男孩童童掉进鲨鱼池。35 岁的母亲刘燕当时顾不上将手上的相机和肩上的背包放下，直接跳入鲨鱼池中将儿子救出。刘燕在接受采访时只说了一句话：“儿子就是妈妈的全部。”

亲爱的宝贝，如果你能活着，一定要记住我爱你

2008 年 5 月 12 日汶川大地震爆发了，在那一天许许多多幸福的家庭被拆散了，其中就有这么一个三四月大的小宝贝永远地失去了妈妈。

在被救援队发现时，这位年轻妈妈已经没有了生命的迹象，但是妈妈紧抱着一个三四个月大的婴儿蜷缩在废墟中，她低着头，上衣向上掀起。怀里的女婴依然惬意地含着母亲的乳头，吮吸着，红扑扑的小脸与母亲沾满灰尘的双乳形成了鲜明的对比。

救援医生解开被子准备给孩子做检查时，发现有一部手机塞在被子里。医生看到了一条已经写好的短信："亲爱的宝贝，如果你能活着，一定要记住我爱你。"手机在现场传递着，每个看到短信的人都落泪了。

谈一谈

从上面的故事里，你看到了什么？

____

____

____

____

父母的爱是无私的，是不求回报的。为了自己的孩子，父母随时愿意付出他们的一切，哪怕是生命，所以我们怎能因为父母的训斥或者一时的不顺心而责怪父母不爱我们呢？

听一听

欣赏《天亮了》

【见电子资源包欣赏"第七单元"→"模块一"文件夹。】

《天亮了》是歌手韩红演唱的一首歌曲，也许我们当中很多人会唱。可是谁知道这动人的歌声背后还隐藏着一个催人泪下的故事。

那是1999年10月3日上午，一对年轻的夫妇带着活泼可爱的儿子潘子灏，兴致勃勃地来到贵州省兴义市有着"天沟地缝"之称的马岭河风景区旅游。这里风景优美、气候宜人，每一个游客的脸上都洋溢着欢乐的笑容。中午11点30分左右，三人乘坐风景区的缆车准备上山，当时一次只能乘坐10人的缆车，在大家争抢中挤进了35人。缆车缓缓开动了，身旁的树木、景色渐渐地移动到脚下，从空中往下看有一种壮观的美丽。当缆车上到100多米高的顶点时，没等到他们开门下车，缆车突然下滑，并以极快的速度坠下山底，重重摔到了山下平台上，一场悲剧就发生在这样一个美丽的景区中。

这场事故死亡14人、伤22人，受伤的22名游客中，当时只有两岁半的潘子灏因为父母在缆车坠地的一瞬间把他高高举起，给了他第二次生命，而年轻的父母却带着遗憾双双离开了人世间。

在生和死的瞬间，父母想到的并不是自己，他们用双手把生的希望留给了儿子，这就是父母之爱啊。

故事中的爸爸妈妈感动了韩红，感动了很多人，这种场面、这种永远失去的痛楚的的确确最能打动我们，也最能触动我们内心深处的脆弱。但是，是否大家必须亲历这样生离死别的场面才能明白父母对你们的爱呢？

这种痛彻心扉、失去双亲的情景并非我们每个人都会经历的，那么，在平凡的生活中就没有令我们感恩的事了吗？

讲一讲

父母为我们做了很多很多，请讲一讲你与父母之间最感动或者最难忘的一件事。

____

____

____

____

____

羔羊跪乳、乌鸦反哺，中华儿女孝父母。在漫长的成长岁月中，父母为了给我们撑起那片天空，他们的手粗了，背弯了，为我们付出了点点滴滴。也许，同学们不是不知道父母对我们的好，不是不懂得父母对我们的爱，只是我们认为这种爱和付出是理所当然的，常常在他们的严厉、刻板、唠叨中遗忘了亲情这个心底最柔软的角落。也许要到我们为人父为人母时，回首往昔才会明白自己今时今日的任性、叛逆与父母为我们的付出比较起来是多么的渺小和微不足道。

请同学们好好地呵护你心底那个柔软的角落——亲情的可贵需要我们和父母共同的爱与理解来浇灌，才能盛开出美丽的花朵。

二、孝敬父母

父母为我们吃了太多苦，受了太多累，他们含辛茹苦地培养我们，我们向父母索取的太多，回报父母的太少。虽然父母爱我们并不想过要什么回报，但是只有父母付出的爱，没有我们回报的爱，这爱是不公平的。我们以后应该怎么做呢？

读一读

黄香温席

汉朝的时候，有一个叫黄香的人，是江夏（今湖北境内）人，年纪刚刚九岁就知道孝顺长辈的道理。每当炎炎夏日到来的时候，就给父母搭蚊帐，扇扇子，让枕头和席子更清凉爽快，把吸人血的小虫扇开，让父母睡得更好；到了寒冷的冬天，就用自己的身体让父母的被子变得温暖，让父母睡得更好。于是黄香的事迹流传到了京城，号称“天下无双，江夏黄香”！

少年王冕的故事

王冕七岁时父亲就去世了，靠母亲做些针线活供他读书。过了几年，母亲实在供不起他读书就把他送到秦家放牛。王冕白天在秦家放牛，晚上回家陪伴母亲。遇上秦家煮些腌鱼熏肉时，他总舍不得吃，用荷叶包了回家孝敬母亲。王冕还边放牛边读书，并攒钱买颜料学画荷花，功夫不负有心人，他成了画荷花的高手，大家都争先恐后来买他的画。王冕得了钱，就买些好东西孝敬母亲。到十七八岁，王冕离开了秦家。他每天画些画，读读古人的诗文。春光明媚的时候，王冕就用一辆牛车载着母亲，到村上湖边走走。母亲心里十分欢喜。

说一说

从黄香和王冕身上，你感悟到了什么？

____

____

____

帮一帮

孩子，为何你只知伸手要钱

亲爱的儿子：

尽管你伤透了我的心，但你终究是我的儿子。自从你考上大学，成为我们家几代里唯一一个大学生之后，心里已分不清咱俩谁是谁的儿子了。从扛着行李陪你去大学报到，到挂蚊帐、缝被子、买饭菜票，甚至教你挤牙膏，这一切在你看来是天经地义的，你甚至感觉你这个不争气的老爸给你这位争气的大学生儿子服务是一件特沾光、特荣耀的事。

的确，你考上大学，爸妈确实为你骄傲。虽然现今的大学生也不一定能找到工作，但这毕竟是你爸妈几十年的梦想。我们那阵，上大学不是凭本事考的，要看手上的茧子和出身成分，这也就是我们以你为荣的原因。然而，你的骄傲却是不可理喻的。

在你读大学的第一学期，我们收到过你的3封信，加起来比一份电报长不了多少，言简意赅，主题鲜明，通篇字迹潦草，只一个“钱”字特别工整、清晰。你说你学习很忙，没时间写信，但同院里你高中时代的女同学却能收到你洋洋洒洒几十页的信，而且每周一封。每次从收发室门口过，我和你妈看着你熟悉的字却不能认领，那种痛苦是咋样的，你知道吗?后来，随着你读大学二年级，这种痛苦煎熬逐渐少了，据你那位高中同学说，是因为你谈恋爱了。其实，她不说我们也知道，从你一封接一封的催款信上我们能感受到，言辞之急迫、语调之恳切，让人感觉你今后毕业大可以去当个优秀的讨债人。

当时，正值你妈下岗，你爸微薄的工资显然不够你出入酒吧、餐厅。在这样的状况下，你不仅没有半句安慰，居然破天荒来了一封长信，大谈别人的老爸老妈如何大方。

你给我和你妈心上戳了重重一刀，还撒了一把盐。最令我伤心的是，今年暑假，你居然偷改入学收费通知，虚报学费。这之前，我在报纸上已看到这种事情。没想你也同时看到这则新闻，一时间相见恨晚，及时娴熟地运用这一招来对付生你、养你、爱你、疼你的父母。虽然，得知真相后我并没发作，但从开学到今天两个月里，我一想到这事就痛苦，就失眠。

这已经成为一种心病，病根就是你——我亲手抚养大却又倍感陌生的大学生儿子。不知在大学里，你除了增加文化知识和社交阅历之外，还能否长一丁点善良的心？

看了这位心酸父亲写给儿子的信，你想对这个儿子说些什么？

____

____

____

____

看一看

观看视频《让世界充满爱（父母篇）》

【见电子资源包“第七单元”→“模块一”文件夹。】

谈一谈

看了短片，谈谈你应该怎样孝敬父母。

____

____

____

____

有时候关心孝敬父母，就是陪父母聊聊天，就是一个祝福、一句问候、一朵鲜花、一个拥抱，甚至只是一个微笑。

测一测

你关心父母吗？

1. 你知道爸爸的生日吗？
2. 你知道妈妈的生日吗？
3. 你知道爸爸妈妈每天在忙什么吗？
4. 在你成长的岁月中，你有没有给妈妈洗过一次手或洗过一次脚？
5. 你有没有给你那非常劳累的爸爸捶过一次背呢？
6. 你爱爸妈吗？
7. 你为爸妈做过什么？
8. 如果马上就是父亲节或者母亲节，你打算如何给爸妈一个节日的惊喜？请把你具体的想法或者想做的事情写下来，最后再跟其他同学分享。

____

读一读

全班朗诵《感恩》。

感恩

有一个词语最亲切，
有一声呼唤最动听，
有一个人最要感谢，
她就是——妈妈，
他就是——爸爸。
妈妈的手粗了，她把温柔的抚触给了我；
爸爸的腰弯了，他把挺直的脊梁给了我；
妈妈的双眼花了，她把明亮的双眸给了我；
爸爸的皱纹深了，他把美丽的青春给了我。
聆听妈妈殷切的话语，
面对爸爸深沉的目光，
我们早已习惯了这种关爱，并且认为理所当然。
渐渐忘记了感动，忘了说声谢谢。
是啊，
父母的爱像一杯浓茶，需要我们细细品味。
如果母亲的真情，点燃了我们心中的希望，
那么父亲的厚爱，将是鼓起我们远航的风帆。
父母的爱说不完、道不尽，
所有的恩情我们铭记于心。
多少次带着幸福的感觉进入梦乡，
多少回含着感动的泪花畅想未来，
我们滋润着人间的真情成长。
常怀感恩之心的人是最幸福的，
常怀感激之情的生活是最甜美的，
感激的话千言万语，汇成一句“谢谢”。

孝敬父母是中华民族的传统美德，是做人的最基本道理。一粒明矾进入水中可以祛除水中的杂质，一棵感恩的种子埋入心中，必将净化心灵。有人曾提出这样一个问题：世界上最不能等待的事情是什么？世界首富伟大的慈善家比尔·盖茨是这样回答的：世界上最不能等待的事情是孝敬父母。希望同学们能记住这句惊世之语："树欲静，而风不止；子欲养，而亲不在。"珍惜每一分每一秒，珍惜你身边的每一个机会，去感恩你的父母，其实父母并不需要我们以后轰轰烈烈地去为他们做什么大事，而是要求我们从现在做起，从点滴做起。让我们懂得感恩，懂得说声谢谢。

活动感言

____

____

____

____

活动延伸

1. 阅读古今孝敬父母的故事：《挨杖伤老》、《卧冰求鲤》、《陈毅探母》。
2. 把你最想对爸爸妈妈说的一句话写在一张心形卡片上送给父母。

模块二　感恩老师

谁言寸草心，报得三春晖

活动导航

秋高气爽节日到，落叶翩翩来祝贺。
校园处处喜洋洋，辛勤园丁好快乐。
这首诗说的是哪个节日？

____

活动设计

一、设计背景

是谁诲人不倦，无私地传授我们知识；是谁在每个迷途的路口，指引我们前进的方向。是的，是我们可敬的老师。尊师重教一直是中华民族的传统美德。然而现在的学生普遍患有“情感冷漠症”，部分同学不懂得感谢、不愿感激、不会感动。通过此次主题活动，激发同学们对老师的感激之情，体会老师的用心良苦、培养同学们的感恩之心，学会尊重老师，用自己的行动去感谢老师。

二、活动目标

1. 增进同学们与老师的感情。
2. 让学生理解老师，学会感恩。

三、活动形式

角色扮演、感悟探究、行动导向、小组讨论。

四、活动地点

教室。

五、活动准备

1. 搜集班上老师工作中的照片。
2. 准备彩纸、彩笔、剪刀、胶水等制作卡片的工具。
3. 准备多媒体设备。

活动过程

一、回忆师恩

看一看

观看视频《让世界充满爱（教师篇）》

【见电子资源包“第七单元”→“模块二”文件夹。】

曾经有一个年轻的商人在黑暗的山谷里面走夜路。天很黑，他迷路了，找不到走出大山的方向，看不到星星和月亮，冷冷的山风飕飕地吹过来，他的头发都立起来了。突然，他听到夜空中传来了一个声音，那声音不知道从哪里来的，对他说：“年轻人，地上有石子，捡几颗，天亮了，会有用的。”他感到非常恐惧，那声音一遍一遍地重复着。他想，我还是照做吧，于是弯下腰，随随便便捡了几颗石了放在手里，就这样，这几颗石子竟然奇迹般地引导他走出了大山。天亮了，年轻的商人很想知道这手里究竟攥着的是什么。借着黎明微微透出的晨光，他伸开了自己的手掌，竟然是金灿灿的黄金。他突然明白，原来昨天那个声音是善意的，他开始后悔，为什么昨天不多捡一点呢？当他回头望向那茫茫大山时，他看到黑压压的大山连在一起，根本就找不到那条回去的路了。

谈一谈

在和老师朝夕相处的日子里，老师给你留下的印象是什么样的？谈一谈你和老师之间的故事。

____

____

说一说

我言我师

【播放班上老师们工作的图片：早读、上课、出操、晚自习、下宿舍、组织各种活动、改作业、与学生谈话、与家长沟通……】

请你用一句话对本学期不同课程的任课教师进行评价。

__________老师， 一句话评价：____________________

__________老师， 一句话评价：____________________

__________老师， 一句话评价：____________________

__________老师， 一句话评价：____________________

__________老师， 一句话评价：____________________

______老师，一句话评价：______
______老师，一句话评价：______
______老师，一句话评价：______
______老师，一句话评价：______
______老师，一句话评价：______

猜一猜

我秀我师

老师与同学们朝夕相对，同学们对老师的印象各不相同。在表演秀的时间里，同学们根据老师们平时的一举一动，竭尽所能模仿自己的老师。

【表演规则】

1. 将班级分为若干个小组，为每个小组随机分发一个老师的名字，小组之间讨论并选出一名同学上台进行角色扮演，模仿该老师的一言一行，其他小组同学竞猜老师的名字。

2. 对于最快猜对的小组给予相应的奖励。

比一比

你对“教师”知多少（以小组为单位，进行抢答）。

1. 今年是我国第_____个教师节。

2. 请补充完整：一日为师，__________。

3. 你知道歌颂教师的歌曲或谚语有哪些吗？（说出一首歌名得10分，两首得20分，以此类推。）

______

4. 你知道对教师的称谓有哪些吗？（说出一个得10分，两个得20分，以此类推。）

______

5. 教师的始祖是__________。

6. “是故弟子不必不如师，师不必贤于弟子”这句话出于谁的作品？

______

二、感谢师恩

苍鹰感恩长空，因为长空让它飞翔；鲜花感恩雨露，因为雨露滋润它成长；高山感恩大地，因为大地让它高耸。面对无私为我们奉献的老师，我们要用怎样的方式表达对老师的感激之情呢？

听一听

听歌曲《长大后我就成了你》

【见电子资源包“第七单元”→“模块二”文件夹。】

谈一谈

长大后如果你成为一名老师，遇到学生上课玩手机的情况，你会怎么做？如果学生上课吃东西，你会怎么做？如果你的学生考试总不及格，作业又不写，你怎么办？如果你的学生犯了很严重的错误，你该怎么办？

你为什么要这么做？

____

____

____

____

查一查

以前你有哪些不尊敬老师的行为？今后应该怎么做？

____

____

____

____

____

做一做

制作教师节贺卡

1. 根据班级任课老师的人数将全班分为若干个小组。
2. 给每个小组分发彩色卡纸、剪刀、胶水等工具。
3. 小组独立设计完成一张教师节的贺卡，并写上对老师的祝福。

写一写

老师像<u>一把雨伞</u>，<u>为我们遮风挡雨</u>。

老师像__________，____________________。

老师像__________，____________________。

老师像____________，____。

老师像____________，____。

土能生白玉，地可产黄金。感恩是一条人生的基本准则，是一种人生质量的体现，是一切生命美好的基础。多少年来，老师们辛辛苦苦地把同学们培养长大，让同学们茁长成长。老师的目光使同学们在黑暗的夜晚看到黎明的曙光；老师的声音使同学们在困难中坚强地站起来；老师的笑容使同学们在悲伤时重新拾得快乐。同学们要感谢老师的恩情，插柳之恩，终生难忘。

活动感言

____

____

____

____

活动延伸

1. 将亲手制作的教师节贺卡送给老师，并对老师说“节日快乐”等祝福语。

2. 阅读以下教师感人事迹。

2012 年 5 月 8 日 20 时 38 分，佳木斯市胜利路北侧第四中学门前，张丽莉老师像往常一样和同学们有说有笑地走出校门，没想到，祸从天降。学校门前不远处的一辆客车突然失控，连撞前面两辆车后朝着丽莉老师和同学们直冲而来。万分危急时刻，丽莉老师用身体使劲撞开紧挨着她的两名同学，同时伸出双臂，奋力推开身边另外两名同学……同学们得救了，而她却被碾到车轮下，倒在血泊中，造成双腿截肢，骨盆粉碎性骨折。

张家春，北川中学一名优秀的物理教师，大家私下称他为“帅哥老师”，他脸上总荡漾着阳光般的微笑。当地震灾难来临时，他马上喊道：“同学们，快跑，快，快出教室！”教学楼在不停地摇，这是第一层楼的第一间教室，张老师的位置是逃生的有利地势，但他毅然退到讲台后面，有序地组织同学们往外撤退。学生陈涵跌倒了，傅丽颖被吓呆了，张老师拉起他们，一个个往外推。当教室门承受不了压力要倒的时候，他毅然用双肩死死地托住门框，用血肉之躯为学生打开了逃生的大门。一个又一个的学生从他的臂下穿过，他的头砸伤了，他的手出血了，灰尘包围着他，石块袭击着他，他绝不放弃。随着一声闷响，这位年仅 30 岁的羌族老师被无情的废墟吞没了。门外，站着得救的 46 个孩子，一起哭喊着张老师……

李佳萍，也是北川中学的一名老师。地震发生时，她本可以第一个冲出教室，但是爱生如子的本色让她主动让出一条通道，把生的机会让给学生。她在疏散了 30 多个学生以后，和另几个学生被压在水泥板下。在狭小、黑暗的空间里，李老师忍住剧痛和孩子们拉家常，讲故事，摆笑话。在她的安慰和鼓励下，孩子们渐渐有了勇气，努力自救，三天三夜后孩子们全部获救，而亲爱的李老师却永远离开了他们。她的一位学生说：“李老师，您在天堂一路走好，来生我们还做您的学生。”

模块三　感恩社会

心系社会，感恩一切

活动导航

观看视频《贫困山区的孩子们》

【见电子资源包"第七单元"→"模块三"文件夹。】

这段视频是一位网友制作的，很多贫困地区有许多这样的孩子，没有书读，没有饭吃，没有衣服穿，没有地方住，过着惨不忍睹的生活。

看完这段视频你想说什么？与这些贫困山区的孩子相比，是谁给我们创造了幸福的生活和舒适的环境？

____

____

活动设计

一、设计背景

随着社会的进步，人们的物质生活越来越丰富，随之而来的精神生活反而枯燥了。而一个民族的振兴需要一代又一代的人们去付出，去努力，去奋斗，只有保持昂扬的斗志，才能实现伟大民族的复兴。感恩是中华民族的传统美德，感恩体现了一个人的基本素养。同学们除了感恩父母、感恩老师、感恩身边的人，更应该感恩社会、感恩国家。

二、活动目标

1. 让同学们感悟社会的给予，珍惜眼前的一切。

2. 让同学们在心灵上得到一次震撼，在行为举止上有所体现。

三、活动形式

感悟探究、小组讨论、头脑风暴。

四、活动地点

教室。

五、活动准备

多媒体教学设备。

活动过程

一、心存感恩

看一看

观看视频《春晚是什么？》

【见电子资源包“第七单元”→“模块三”文件夹。】

说一说

我们一家人开开心心地在家享受春节的快乐时，还有谁默默地坚守在工作岗位上，确保新春佳节和平安宁？

____

____

____

____

猜一猜

猜一猜图片中的主人公是谁？他们在做什么？

说一说

了解了图中人物的事迹，你有什么感想？

谈一谈

你经历了哪些事情让你心怀感激之情，说出来与大家一起分享。

小链接

一杯牛奶的故事

一天，一个贫穷的小男孩为了攒够学费正挨家挨户地推销商品。饥寒交迫的他摸遍全身，却只有一角钱。于是他决定向下一户人家讨口饭吃。然而，当一位美丽的年轻女子打开房门时，这个小男孩却有点不知所措。他没有要饭，只乞求给他一口水喝。这位女子看到小男孩饥饿的样子，就倒了一大杯牛奶给他。小男孩慢慢地喝完牛奶，问道："我应该付多少钱？"年轻女子微笑着回答："一分钱也不用付。我妈妈教导我，施以爱心，不图回报。"男孩说："那么，就请接受我由衷的感谢吧！"说完，小男孩就离开了这户人家。此时的他不仅自己浑身是劲儿，而且相信未来会更美好。

数年之后，那位女子得了一种罕见的重病，当地医生对此束手无策。最后，她被转移到大城市医治，由专家会诊治疗。大名鼎鼎的霍华德•凯利医生也参加了医疗方案的制定工作。当他听到病人来自的那个城镇的名字时，一个奇怪的念头霎时间闪过他的脑际。他马上起身直奔她的病房。身穿手术服的凯利医生来到病房，一眼就认出了恩人。回到会诊室后，他决心一定要竭尽所能来治好她的病。从那天起，他就特别关照这个对自己有恩的病人。

经过艰苦的努力，手术成功了。凯利医生要求把医药费通知单送到他那里，他看了一下，便在通知单的旁边签了字。当医药费通知单送到那女子的病房时，她都不敢看。因为她确信，治病的费用将会用她的整个余生来偿还。最后，她还是鼓起勇气翻开了医药费通知单，旁边的那行小字引起了她的注意，她不禁轻声读了出来："医药费已付：一杯牛奶。霍华德·凯利。"

喜悦的泪水溢出了她的眼眶，她默默地祈祷着："谢谢你，上帝，你的爱已通过人类的心灵和双手传播了。"

感恩是一种健康的心态，是一种做人的境界。只有感恩才可以让这个世界一天比一天美丽，让人与人之间一天比一天和谐。我们今天的幸福生活不是理所应当的，是有很多人在背后默默的奉献和付出才换来了我们安定幸福的生活，才有了我们现在所拥有的一切，我们要心存感恩，好好珍惜现在所拥有的一切。

二、感恩社会，回馈社会

感恩是一种心态，快乐地生活是感恩的表现，无私助人是感恩的表现，凡事不强求回报地付出是感恩的表现，用爱心对待每一个人也是感恩的表现……

写一写

你参加过哪些志愿者活动？

____

____

____

你做过哪些帮扶他人的事情？

____

____

____

想一想

感恩社会，回馈社会，我们应该怎么做？

____

____

____

____

听一听

欣赏歌曲《感谢你》

【见电子资源包“第七单元”→“模块三”文件夹。】

填一填

感恩<u>　医生　　　</u>，是他<u>让病人摆脱病痛的折磨　　　　　　　　　　　</u>。
感恩__________，是他______________________________。
感恩__________，是他______________________________。
感恩__________，是他______________________________。
感恩__________，是他______________________________。
感恩__________，是他______________________________。
感恩__________，是它______________________________。
感恩__________，是它______________________________。
感恩__________，是它______________________________。
感恩__________，是它______________________________。
感恩__________，是它______________________________。

感恩是一种文明，是一种品德。“人能感动，就能幸福”，其实快乐就在你的心田。拥有一颗感恩的心，不仅是感谢爱过我们和帮助过我们的人，而且是在心存感激的同时，以同样的爱意和热情去回报周围的人，回报生活和社会。

活动感言

____
____
____
____

活动延伸

1. 组织全班同学开展“关爱身边的老人”活动。
2. 组织全班同学开展“整理环境”的活动。

第八单元

高效学习

模块一　端正态度　态度决定一切

模块二　珍惜时间　与时间赛跑的人

模块三　积极实践　学一技之长，走成才之路

模块一　端正态度

态度决定一切

活动导航

诊断一下图中的同学在学习中犯了哪些“疾病”，并给出诊断处方。

处方：1.________________

2.________________

3.________________

“医生”签名：________________

活动设计

一、设计背景

态度是个人对他人、对事物比较持久的肯定或否定的内在反应倾向。学习态度决定着学习的成效。对学习持肯定态度的同学，有较强的学习愿望，他总是积极参与各种学习活动，自觉地学习，从而具有较高的学习效率；对学习持否定态度的同学，则对学习没有积极性，他不能自觉地认真学习，总是比较被动，其学习效率自然也较低。通过本次主题活动，唤醒同学们的主体意识，端正学习态度，增强学习主动性，为将来的职业发展打好基础。

二、活动目标

1. 使同学们认识到学习态度的重要性。

2. 了解自己的学习态度。

3. 使同学们树立正确积极的学习态度。

三、活动形式

教师讲授、讨论、辩论、自我测查。

四、活动地点

教室。

五、活动准备

1. 准备几个关于“态度”的故事。

2. 让学生准备好关于各科学习方法的发言或资料。

活动过程

一、态度的重要性

态度是一种心理和神经的准备状态，它通过经验组织起来，影响着个人对情境的反应。

看一看

观看视频《十年前后》

【见电子资源包“第八单元”→“模块一”文件夹。】

十年前：

三个工人在砌一堵墙。有人过来问他们：“你们在干什么？”

第一个人没好气地说：“没看见吗？砌墙！我正在搬运着那些重得要命的石块呢。这可真是累人哪！”

第二个人抬头苦笑着说：“我们在盖一栋高楼。不过这份工作可真是不轻松啊……”

第三个人满面笑容开心地说：“我们正在建设一座新城市。我们现在所盖的这幢大楼未来将成为城市的标志性建筑之一。想想能够参与这样一个工程，真是令人兴奋。”

十年后：

第一个人依然在砌墙；第二个人坐在办公室里画图纸——他成了工程师；第三个人是前两个人的老板。

说一说

为什么三个人的命运如此不同？这个故事给你什么启示？

看一看

观看视频《青蛙攀爬比赛》

【见电子资源包“第八单元”→“模块一”文件夹。】

从前，有一群青蛙组织了一场攀爬比赛，比赛的终点是一个非常高的铁塔的塔顶。另一群青蛙围着铁塔观看比赛。

围观的群蛙中没有谁相信这些小小的青蛙会到达塔顶，它们都在议论：“这太难了，它们肯定到不了塔顶！”“它们绝不可能成功的，塔太高了！”听到这些，一只接一只正在比赛的青蛙开始泄气了，除了那些情绪高涨的几只还在往上爬。围观的群蛙继续喊着：“这太难了，没有谁能爬上顶的！”

越来越多的青蛙累坏了，退出了比赛。但有一只却越爬越高，一点没有放弃的意思。最后，其他青蛙都退出了比赛，除了一只，它费了很大的劲终于成为唯一一只到达塔顶的胜利者。很自然，其他青蛙都想知道它是怎么成功的，有一只青蛙跑上前去问那只胜利的青蛙哪来那么大的力气跑完全程？

它发现这只青蛙是个聋子！

说一说

这个故事给你的启示是什么？

____

____

____

心态是人生生长的奠基石。在学习中，不是仅仅制定学习目标和好方法就能学好，最重要的是心态，学习需要付出行动，需要努力，需要一种积极主动、自动自发的精神。态度决定选择，态度决定思路，态度决定成败，态度决定一切。

小链接

有关态度的名言

烦恼与欢喜，成功和失败，仅系于一念之间。

——大仲马

改变态度，便能改变生活。没有任何外界的力量能够统治你。

——拉尔夫·沃尔多·埃默森

你认为自己是什么样的人就将成为什么样的人。

——安东·契诃夫

如果你觉得能行就行，你觉得不行就不行。

——凯丽·凯·阿什

事情取决于我们如何看待它们。

——奥·斯威特·马顿

眼中只有瑕疵的人无法发现其他的东西。

——托马斯·富勒

有下山的想法你就不能登上顶峰。只有那些躺在坑里、从不仰望高处的人，才会掉至坑里去。

——黑格尔

人真正的完美不在于他拥有什么，而在于他是什么。

——王尔德

只要你有一件合理的事去做，你的生活就会变得特别美好。

——爱因斯坦

二、学习态度现状

议一议

分析下列几幅图中学生上课的学习状况，并找出原因。

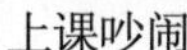

上课吵闹

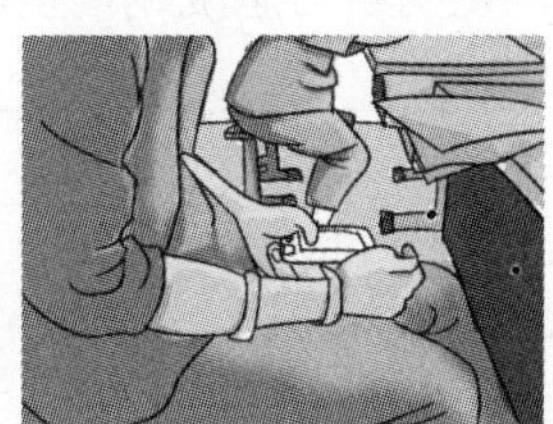

上课玩手机

上课睡觉

1. 良好的学习心态

（1）有强烈的求知欲。

（2）刨根问底，不耻下问，积极思考。

（3）成绩好时，追求更高的目标；成绩不好时，查找原因，并努力改善。

（4）迎难而上。

（5）重视课堂效率，积极发言，积极实践。

（6）独立完成练习、实训，并尽力做到最好。

2. 不良的学习态度

（1）不求上进，只求及格。

（2）因考试成绩不理想而灰心。

（3）不求甚解。

（4）上课经常做其他的事。

（5）不积极表达自己的意见。

（6）遇到不会的问题绕过去，不愿意动手实践。

评一评

评价自己的学习态度。

（1）是否有强烈的求知欲和努力学习的愿望?

（2）是否有主动积极的进取精神?

（3）学习是否认真?

（4）是否自觉独立地完成各科的学习任务?

（5）没有老师和父母的督促，你是否会主动学习?

（6）你没有因为看电视或和同学玩耍的时间过长而挤占了学习的时间?

（7）上课有不明白的地方，你是否在休息时和放学后向老师或同学请教?

（8）学习时，你是否能努力在规定的时间内完成任务?

以上几个问题回答“是”的越多，说明学习态度越端正，否则就相反。

我的学习态度是：____

三、摆正学习态度

摆正学习态度远比做好一件事本身效用大得多。

想一想

我为什么要学习？

____

我为谁而学习？

____

我的学习跟我的前途有什么关系？

____

我学的是什么？

哪些东西是我终身受益的？

我具备了哪些好的学习态度?

我的哪些学习态度需要改进?

我该怎样改善那些不良的学习态度？

孔子曰：“吾日三省吾身。”希望同学们每天都能认真地思考一些问题、好好地反省一下自己的在校表现，以此激励自己进步。

问一问

每天扪心自问:

（1）为什么总是要到考试成绩有了结果并知道不理想的时候才想到愧对家人、朋友？

（2）为什么不能时刻把家人、朋友的期待装在心里，时时刻刻激励自己？

（3）当你上课分神或自习课漫不经心、开口讲话的时候，你会感觉到自己的背后父母的目光正默默地注视着自己吗？

（4）今天的作业完成了吗？是很出色地完成的吗？你能坚定地拍着自己的胸膛说“我从来不抄袭别人的作业”吗？

（5）你真的努力吗？你的努力得到老师、同学的认同了吗？当考试、测验试卷发下来时，你是否又可以看着成绩拍着胸膛说“我已尽力了， 我问心无愧”？

（6）今天上课是否打瞌睡了？当睡意袭来的时候，你是以积极的姿态，想方设法地战胜睡魔，还是束手就擒，呼呼睡去？

（7）当你学习懈怠的时候，是否想到父母正为你的学习费用、智力投资以及你的前途忧心忡忡？

学一学

请大家写一写：在今后的学习中，我们该怎样培养良好的学习习惯，端正自己的学习态度？老师把大家的想法贴在黑板上，让大家彼此分享，共同进步。

听一听

欣赏歌曲《相信自己》

【见电子资源包“第八单元”→“模块一”文件夹。】

态度是世界上最神奇的力量，它栖息于思想深处，左右着我们的思维和判断，控制着我们的情感与行动。一个人的生活状态、人生方向完全受控于其生存态度的牵引。用什么样的态度对待生活，就有什么样的生活现实。积极的态度可以使我们到达人生的顶峰，尽享成功的快乐和美好，消极的态度使我们一生陷于困难与不幸之中。态度影响我们的事业、生活、人际关系等，决定我们的人生成败，让我们记住：态度决定一切。

活动感言

____

____

____

____

活动延伸

1. 请大家评选出身边哪位同学是你学习的榜样，并说说该同学值得你学习的地方。
2. 请大家背诵与“态度决定一切”有关的名言名句。

模块二　珍惜时间

与时间赛跑的人

活动导航

1. 猜谜语

世界上所有事物中，什么东西既长又短，既快又慢，可无限分割也可无限延展，最易为人忽略且最令人遗憾，少了它，事情便无从发生，它不但能吞没诸物，也能赋予生命的伟大。

答案：________________________________

2. 计算自己一天学习时间的利用率。

时间类别：	所需时间：
上课时间：	
你利用了的课余时间：	
平均每节课多少分钟后才能集中精神听课：	
上课时发呆时间：	
自习课上闲聊、发呆时间：	
自习课上找东西、借东西所花时间：	

计算公式：

学习时间＝上课时间＋自习时间＋利用的课余时间－发呆时间－闲聊时间－借东西时间

$$一天学习时间的利用率=\frac{学习时间}{24小时}$$

我的一天学习时间的利用率是：________________

是谁偷走了我的时间：________________

____

____

____

活动设计

一、设计背景

时间一去不复返。古代就有“逝者如斯乎”的感慨。可是，在同学们中间浪费时间的现象很严重，大家不知道如何利用时间，不知道珍惜时间，常常让时间在不知不觉中溜走，自己却一无所知。通过本次主题活动，使同学们了解时间单向前进、一去不复返的特点，懂得时间的珍贵，从而珍惜时间。

二、活动目标

1. 让学生认识到时间的重要性，认识拖拉的危害，树立珍惜时间的思想意识。
2. 培养学生的时间观念，学会合理安排时间。
3. 提高学生珍惜时间、利用时间的能力。

三、活动形式

讨论、交流。

四、活动地点

教室。

五、活动准备

1. 准备与主题有关的视频、故事、歌曲等。
2. 准备多媒体设备。

活动过程

一、一寸光阴一寸金

“一寸光阴一寸金，寸金难买寸光阴”、“光阴似箭，日月如梭”这些都是中国古语，说明时间是最宝贵的，是无价之宝。时间是最公平合理的，它从不多给谁一分。它给勤勉的人留下智慧和力量，给懒惰的人留下空虚和懊悔。

试一试

游戏：感受一分钟

【游戏规则】

同学们听老师喊“开始”就闭眼，单脚站立，静听滴答声，一分钟后老师喊“停”再睁开眼睛。

【游戏感悟】

同学们感觉一分钟怎么样？

____

平时同学们感受到一分钟有这么长吗？

有的同学认为一分钟做不了什么事情，浪费一分钟无所谓。

写一写

一分钟你能做什么？

____

____

____

____

____

读一读

调查数据：

一分钟火车能行 2000 多米。

一分钟全国人民可以创造 330 万元产值。

一分钟炼铁工人可以生产钢材 106 吨。

一分钟电子计算机可以运行 60 亿次。

一分钟激光可以走 100 万公里。

议一议

从你一分钟可以做的事情的数据和给出的调查数据说明了什么？

____

____

____

____

____

填一填

时间的价值

教育家说时间就是______________________________，

医学家说时间就是______________________________，

工人说时间就是______________________________，

农民说时间就是______________________________。

二、珍惜时间

时间是最公平、最无私的，它给予每个人都是完全平等的，但是不同的人对待时间有不同的方式。

愚蠢者——等待时间　　聪明者——利用时间
懒惰者——丧失时间　　勤奋者——珍惜时间
无为者——放弃时间　　有志者——赢得时间
闲聊者——消磨时间　　求知者——抓紧时间
糊涂者——糟蹋时间　　劳动者——积累时间
自满者——蔑视时间　　好学者——创造时间

看一看

观看《爱学习的毛主席》

【见电子资源包“第八单元”→“模块二”文件夹。】

毛泽东同志从青年时期就热爱学习。他顽强刻苦的学习精神远远超过一般人。毛泽东同志酷爱学习，他充分利用一切机会学习。在湖南一师学习的时候，他每天很早起床，冷水浴后就到自修室去，对着窗前熹微的晨光高声朗读古典文学。等天大亮了，同学们都来了，他才回到自己的座位上。

一天六节课，毛泽东同志每天都抓紧课余时间把必须完成的作业做好，然后到阅览室去看书或看报。晚上，学校规定的两个小时自习时间，他总是阅读从图书馆借来的哲学、历史、社会科学等方面的书籍，边读边做笔记，从不浪费一分一秒。星期天，除了爬山游泳，就去听学术讲座，有时还到一些他敬仰的老师家里去请教学业，从不白白度过。

毛泽东同志不但抓紧时间读书，而且读得特别认真。凡是他自己的书，遇到重要的、精辟的地方，他都要加圈加点，有时还在书页的空白处写上自己的看法。在一本只有十万字的书上，他就用工整的小楷写了一万二千多字的批语和提纲。许多地方都用红颜色的毛笔加上圈点、单线、双线、三角、叉子等各种符号标明书的重要之处，可见他读书的态度是多么认真，理解得多么深透。

毛泽东同志就是这样孜孜不倦地学习，寻求救国救民的真理，终于走上了革命道路。

写一写

毛泽东同志是怎样对待时间的，你获得了什么启示？

____

____

____

小链接

名人珍惜时间的故事

1. 刺股悬梁

战国时的苏秦夜以继日地读书，实在太累了，就用锥子刺腿来使头脑清醒；汉代的孙敬为了防止读书时瞌睡，便用一根绳子把自己的头发系在房梁上，只要一打瞌睡就会被扯醒。这就是历史上“刺股悬梁”的故事。

2. 凿壁借光

晋朝的匡衡家里都很穷，连点灯的油都买不起。匡衡在墙上凿了个小洞，“借”邻居家的一点灯光读书。成语“凿壁借光”所讲的就是这个故事。

3. 墨池

东晋大书法家王羲之自幼苦练书法。他每次写完字都到自家门前的池塘里洗毛笔，时间长了，一池清水变成了一池墨水。后来，人们就把这个池塘称为“墨池”。王羲之通过勤学苦练，终于成为著名的书法家，被人们称为“书圣”。

4.李密牛角挂书

隋朝的李密少年时被派到隋炀帝的宫廷里当侍卫。他生性灵活，在值班的时候左顾右盼，被隋炀帝发现了，认为这孩子不大老实，就免了他的差使。李密并不懊丧，回家以后发愤读书，决定做个有学问的人。有一回，李密骑了一头牛出门看朋友。在路上，他把《汉书》挂在牛角上，抓紧时间读书，此事被传为佳话。

5.管宁割席分坐

汉时，管宁与华歆二人为同窗好友。有一天，两人同席读书，有达官显贵乘车路过，管宁不受干扰，读书如故,而华歆却出门观看，羡慕不已。管宁见华歆与自己并非是真正志同道合的朋友，便割席分坐。管宁最后终于事业有成。

6.董仲舒三年不窥园

董仲舒专心攻读，孜孜不倦。他的书房后虽然有一个花园，但他专心致志读书学习，三年时间没有进园观赏一眼，董仲舒如此专心致志地钻研学问，使他成为了西汉著名的思想家。

测一测

时间管理能力测验

下面24道题目，如果符合你的情况，则回答“是”，反之回答“否”。

（1）每天都留出一点时间，以做计划和思考学习情况。

（2）做书面的、明确的远期、中期、近期计划，并经常检查计划的执行情况。

（3）热爱所做的工作，并保持积极的心态。

（4）把每天要办的事按重要程度排序，并尽量先完成重要的事情。

（5）合理地利用课余的时间。

（6）用工作成绩和效果来评价自己，而不单纯以工作量来评价自己。

（7）把工作注意力集中在目标上，而不是集中在过程上。

（8）随身携带一些书籍和空白卡片，以便在排队等待的时间里随时阅读或记录心得。

（9）当天工作结束时，总要检查一下哪些工作没按原计划进行，并分析原因，寻找补救。

（10）将时间分段，找出自己每一天中的最佳时段。

（11）留出足够的时间，以便处理危机和意外事件。

（12）注意午饭的食量，避免下午打瞌睡。

（13) 采取某些措施，以减少不速之客占用你的时间。

（14）经常给自己规定工作期限。

（15）你认为时间很宝贵，所以从来不在对失败的懊悔和气馁上浪费时间。

（16）你的行动是否取决于自己，而不是取决于环境或他人的影响。

（17）尽可能早地终止那些毫无收益的活动。

（18）将重要的工作安排在你工作效能最佳的时间做。

（19）经常运用“80/20 法则”，将时间花在重要且少数的事情上。

（20）养成凡事马上行动的习惯。

（21）尽量对每一种工作只做一次处理。

（22）善于应用节约时间的各种工具。

以上各题，回答“是”得 1 分，回答“否”得 0 分。

如果总得分在 19～24 分之间，说明你的时间管理能力很强。

如果总得分在 15～18 分之间，说明你的时间管理能力一般，有待进一步提高。

如果总得分在 14 分及以下，说明你时间管理能力很弱，有待大力提升。

议一议

小组讨论：我们应该如何做时间的主人，珍惜时间，合理充分利用时间。

____

____

____

听一听

欣赏歌曲《时间都去哪儿了》

【见电子资源包“第八单元”→“模块二”文件夹。】

时间是人们永恒谈论的话题，有人曾赞美道：时间是君子，时间永远说老实话。有人却反驳道：时间是无情的，吞噬一切。两种截然不同的评价无不体现时间的公正性：抓起来就是金子，抓不住就是流水。我们要和时间谈谈心，和时间交朋友，还要和时间赛跑。每一位顶尖的成功者都是一位顶尖的时间管理者，因为他们知道时间是有限的，要在每一分钟创造价值，要享受生命中的每一分钟，使每一分钟都有意义，决不毫无价值地浪费时间。

活动感言

____

____

____

活动延伸

请同学们利用课余时间收集有关“时间”的名人名言。

模块三　积极实践

学一技之长，走成才之路

活动导航

小故事

很早以前，有个国王游兴大发，带着女儿乘船出海游玩。突然天色骤变，狂风怒吼，海浪冲天，一下子把他们的船刮到了一个陌生的国家。他们向别人诉说自己的身份和不幸的遭遇，竟没人相信，甚至遭到耻笑。这位国王没有一分钱，只好去找活路。别人问他有什么技艺，他只是一个国王，没有一技之长。没办法，为了生存，这位国王只好给人家放牧，成了牧羊老人。

过了几年，当地国王的儿子出外打猎，碰巧遇上了牧羊老人的女儿，他被眼前的姑娘迷住了，发誓要娶她为妻。 国王无可奈何，只好委派一名大臣去找牧羊老人提亲。不料，牧羊老人非但不震惊，反倒问："王子有什么一技之长吗？"

大臣感到十分意外："牧羊老人，你的女儿嫁给王子，王子有一技之长做什么用呢？普通人学点技艺，是为了养家糊口，他是国王的继承人，有的是疆土，有的是财宝，他要一技之长干什么？"

牧羊老人说："他没有一技之长，我不会把女儿嫁给他的。"大臣只好回去如实禀报。国王又派了个大臣来游说，牧羊老人照旧这样回答。

为了娶到牧羊老人的女儿，王子决定去学一门技艺。他喜欢制作陶器，于是开始学制陶艺。

最后，王子终于娶到了他心爱的姑娘。

牧羊老人为什么一定要王子掌握一门技艺才将女儿嫁给他呢？结合这个故事解释中国俗语"荒年饿不死手艺人"。

____

____

____

____

活动设计

一、设计背景

从商品角度而言，人的技术技能就是其使用价值，没有使用价值的商品就是废品，没有技术技能的人只能做社会的弱者。现在部分大学生毕业后找不到工作，再到职业学校接受技能培训，以便顺利实现就业就是个例证。越来越多的企业在考虑一个员工提升、加薪、培养时，是否具有高度专业化的职业技能已是其中一项重要因素。在这个“技能为重”的时代，同学们必须掌握扎实的专业技能，才能在竞争激烈的社会中立于不败之地。

二、活动目标

1. 使同学们认识专业技能的重要性。

2. 使同学们掌握学好专业技能的方法。

三、活动形式

感悟探究、小组讨论。

四、活动地点

教室。

五、活动准备

1. 邀请学校技能之星（学生）1～2 名。

2. 多媒体教学设备。

活动过程

一、技能终身受益

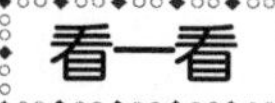

观看视频《授人以鱼，不如授人以渔》

【见电子资源包“第八单元”→“模块三”文件夹。】

一个老渔翁在河边钓鱼，旁边有一个小孩子一直在那里看。

老渔翁精通钓鱼之道，技术娴熟，仅仅一个上午就钓了满满一篓鱼。老渔翁看着旁边的小孩子非常可爱，就打算把这篓鱼全都送给他。

可是，小孩子摇了摇头。

老渔翁很诧异：“我送给你这么多鱼，你为什么不要呢？”

小孩子说：“我想要您手中的渔竿。”

老渔翁说：“你要渔竿干什么？”

小孩子说：“这一篓子鱼，我几天就吃完了；要是我有了渔竿，可以自己钓鱼，一辈子也吃不完的。”

老渔翁笑着说："光有渔竿也不行，还得学会钓鱼的技术。"于是，老渔翁不但赠送给小孩子渔竿，还将钓鱼技术倾囊相授，小孩子道谢而去。

写一写

在"授人以鱼，不如授之以渔"的故事中，"鱼"是________，"渔"是________。

这个故事对同学们学习技能的启发是：____

____

____

____

小链接

1. 一技之长叩开就业大门——南疆三地州中职学生职业教育见闻。玉山•卡合热曼说："如果我没有接受中职教育，现在就不可能有这么高的收入。"玉山•卡合热曼的家在库车县一个偏远农村，2009 年高考落榜后考入新疆化工学校机电技术应用专业，毕业后被新疆昆仑轮胎有限公司录用。由于工作业绩突出，玉山•卡合热曼连续两年被公司评为先进生产者。

2. 携一技之长，中职生"牛"过大学生。凭着在校的出色表现，包伦杰顺利被学校推荐到三一重工，而同年考取大学的哥哥，由于毕业后一直没有找到称心的工作，在家待业了大半年。他为当初的选择感到自豪。他认为，读大学不是唯一的成才道路，只要有过硬的专业技术，到哪里都能出人头地。

二、掌握专业技能

1. 了解专业技能

技能有别于天赋，是必须耗费时间经由学习、训练或工作经验才能获得的能力。专业技能又称为职业技能。各国政府的劳工部门，对于职业技能的鉴定使用专业证照制度，并限定某些职业必须具有证照才能从事该行业。我们在学校常说的专业技能指同学们将来就业所需的技术和能力。同学们是否具备良好的职业技能是能否顺利就业的前提。

一般企业对员工专业技能的测定主要参考以下几个因素：

（1）员工获得的技能证书。例如：员工通过职业资格考试、企业培训、全国的技能比赛获得的技能证书等。

（2）企业定期通过举行技能测试、技能比赛等测定员工的技能水平。

（3）企业通过员工的工作产出评定其技能水平（如对程序开发员工作结果的评定标准有编程的效率、代码的准确度、返工率、程序的复杂性、程序的市场效益等）。

答一答

我现在所学的专业是：____

我通过学习本专业，可以获得的专业技能有：________________________

____

____

我可以考取的职业资格证书有：____________________________________

____

2. 学习专业技能

（1）重视文化知识学习：有的人认为中等职业学校学生主要应以学习技能为主，只要能实践、会操作、动手能力强就够了。因此，中等职业学校出现了“轻文化，重技能”的倾向。但也有人认为文化课更重要，文化课的知识可以提高个人的素质，文化课的学习可以充实自己的思想，一个人的素质提高了、思想进步了，有利于学习其他知识。

辩一辩

文化知识与专业技能哪个更重要？你是如何看待文化知识与专业技能之间关系的？

主要观点：____

____

____

____

（2）激发动手操作兴趣：兴趣有直接、间接之分。直接兴趣是指对学习活动和教材本身直接发生兴趣。这种兴趣是学习的内在动力。正如美国心理学家布鲁纳斯指出的那样：“学习上最好的刺激是对学习材料的兴趣。”这是因为“兴趣能使脑神经细胞反应敏锐，促进大脑皮层能保持最佳状态”。所以，施莱格尔说得好：“对于我们喜欢的，我们是天才。”同学们选择学习的专业大多数都是自己感兴趣的，那么，我们就应该培养对课程和专业技能的兴趣，这样可以提高我们实践操作的能力。

（3）积极参与合作学习：在中职生的专业学习中，常用分组实训的方式让同学们讨论，或根据不同分工共同完成实训项目。在合作教学模式中能够充分发挥大家的主动性，建构起新的更深层次的理解和认识。所以，同学们要积极参与到合作学习中，适应单独学习向结伴学习方式的转变。

（4）认真参加企业实习：中等职业学校人才培养要与企业一线人才要求对接。所以，学校要把同学们放到企业中去，充分利用好企业的工作现场和最新的生产技术，在职业岗位上对同学们进行实践动手能力的训练。通过这样的途径，同学们在企业接触到生产实践或工程项目，进而熟悉现代化生产工艺，并通过学习先进的技术和设备，进一步充实学生的实际操作经验，使教育、训练、应用三者有机结合。因此，同学们要树立实践第一的观点，学习工人师傅吃苦耐劳的精神，培养自己爱劳动的意识，让自己认识到所学专业的科学性和严密性以及应用的广泛性。同时，同学们还可以提高社会责任心、职业道德、诚信品质和团队精神，最终使技能水平与就业岗位相匹配。

听一听

邀请学校技能之星谈谈学习专业技能的方法和体会。

写一写

听了荣获技能之星的同学的介绍，你有什么收获和体会？

____

____

____

小链接

中等职业学校学生学习的主要特点

（1）学习目的的职业性与定向性更早。

（2）学习要求的全面性。

（3）学习过程的实践操作性强。

（4）学习内容的专业性、应用性更强。

（5）学习范围的开放性。

（6）学习方式的自主性更强。

（7）学习策略方法的定势性。

（8）学习动力的匮乏性。

当前中等职业学校学生存在的主要学习问题

（1）学习适应不良。

（2）目标计划不明。

（3）学习策略不多。

（4）学习热情不足。

（5）学习动机不强。

（6）忽略知识应用。

（7）知识基础不实。

（8）学习毅力不强。

听一听

欣赏歌曲《放飞梦想》

【见电子资源包“第八单元”→“模块三”文件夹。】

唐代大诗人李白说过“天生我材必有用”。拥有一技之长，远胜于拥有一笔财富。不要贪求一时之利，也不要依赖暂时的财富，真正的利益是长远的，真正的财富是无穷的。希望同学们树立自信，学得一技之长，用技能加汗水，以满腔的热情拥抱明天的希望；用熟练的技能实现自己的梦想，成就精彩的人生。

活动感言

____

____

____

____

活动延伸

为自己制订一份本学期学习专业技能的计划。

第九单元

学会生活

模块一　学会消费　谁动了我的零花钱

模块二　拒绝“网瘾”　绿色上网，健康成长

模块三　阅读人生　书香伴我行

模块一 学会消费

谁动了我的零花钱

活动导航

请写下你这个月的开销情况：

每月零用钱约有：________________

学习用具支出：________________

零食支出：________________

玩乐支出：________________

总计：________________

活动设计

一、设计背景

老话说得好“你不理财，财不理你”，理财是一门与其他科学文化知识一样重要的学科。我们很多90后的中职生生活在一个不缺钱的年代，勤俭节约被大家认为是过时的做法，缺乏勤俭、理财概念，乃至工作后仍缺乏理财和自我管束能力。很多同学对“钱该怎么用”这一理财的基本问题存在偏见和误解。

二、活动目标

1. 让同学们能够深入领会理财的内涵。

2. 帮助同学们走出消费的误区，提高同学们合理消费的能力，并初步树立理财的意识，培养同学们的理财能力。

3. 让同学们能根据自己的实际情况，合理选择最适合自己的储蓄方法。

4. 使同学们掌握到银行存取款及填写存款凭条和取款凭条的方法。

三、活动形式

理解探究、知识竞赛、小型辩论赛、小组讨论。

四、活动地点

教室。

五、活动准备

1. 课前同学们参加一次关于“职校生零用钱使用情况”的社会调查活动，每个同学结合自己感兴趣的题目开展调查。

2. 同学们通过网络、图书馆等途径了解理财相关知识。

3. 多媒体设备。

活动过程

一、为何要理财

观看视频《下金蛋的鹅》

【见电子资源包“第九单元”→“模块一”文件夹。】

从前，乡下有一对老夫妇，他们很贫穷。一天，农夫发现自家的鹅窝中有一只金灿灿的蛋，他把蛋带到市场上卖了个好价钱。从此以后，农夫的鹅每天都下一个金蛋，他每天都把金蛋拿到集市上去卖，很快他们就变得富有起来。

慢慢地，老夫妇变得越来越贪心，他们就想：要是把鹅的肚子划开就能得到很多的金蛋。于是，他们把鹅杀死了，但是鹅肚子中什么也没有。

他们又变回了穷人。

议一议

如果老夫妇当时不杀掉鹅，他们会有不同的结局吗？这个故事说明了什么？

____

____

____

____

鹅就相当于我们手中的钱，如果我们充分利用了这些钱，再买几只鹅，它们就会下更多的蛋。可如果毫无计划地挥霍金钱，将钱用光，就等于杀死了鹅。所以不懂得“养鹅”的人必将会成为穷人。

二、消费面面观

消费是一个社会人必须经历的一种社会过程。中职生的消费观总体上是科学、合理和理性的，但是毕竟社会阅历少，或者是受其他方面因素的影响，所以才使部分中职生的消费理念存在一些问题和误区，这些问题和误区制约着同学们健康消费观的形成。

1. 攀比心理重，消费中两极分化严重

很多中职生攀比心很重，其实很多同学并不需要手机，也不需要名牌衣服，但是当问到他们为什么要花这么多钱去买手机、买品牌衣服时，几乎只有一个答案：“我的同学都有手机，都穿名牌，我不能比他们差。”这种攀比心理在中职生消费中占据很重要的地位。

2. 消费易盲目冲动，缺乏理性

中职生多为未满十八岁的青少年，没有经历过生活磨炼，不知道生活的艰辛，绝大部分学生都是靠父母养活。他们中对自己的消费制订过明确计划的少之又少。所以很多同学没有对自己的消费制订合理、科学的计划，他们很多时候是一时兴起，会为了买一样自己喜欢的东西而花掉半个月的生活费。

3. 消费中从众现象突出，铺张浪费严重

中职生是经历从学校到社会过渡的一个转型群体，他们不仅会受到学校学生的影响，同时也会受到社会上消费行为的影响。他们缺乏合理的消费观念，被动消费现象很突出。很多学生在服饰、发型及饮食上都在跟随潮流，花了大量的钱，这样就造成了很严重的浪费现象。

写一写

我的消费观念正确吗？还存在哪些问题？

三、理财我最行

读一读

一天中午，某中等职业学校学生陈某来到王老师办公室，脸红红的，支支吾吾想借 50 元钱。王老师微笑着说：呵呵，怎么啦，你的钱是丢了还是用完了？”陈某钱急忙说：“没有丢，我也没乱花，但不知不觉就花完了，我自己真的不知道用在了哪里……”

写一写

这是我们身边经常发生的例子，很多同学会发现自己的钱并没有丢，也没有乱花，但却不知不觉地花光了。

请同学们写下本周的预算消费清单和实际消费清单，并进行对比。

预算消费清单：

实际消费清单：

计算预算消费金额和实际消费金额相差多少。

与同桌一起自评、互评，看看在这些消费项目中哪些是合理消费，哪些属于不合理消费。

小链接

储蓄的分类

1. 活期储蓄存款

一元起存，由储蓄机构发给存折，凭折存取，开户后可以随时存取。

2. 整存整取定期储蓄存款

一般五十元起存，存期分三个月、半年、一年、二年、三年和五年，本金一次存入，由储蓄机构发给存单，到期凭存单支取本息。

3. 零存整取定期储蓄存款

每月固定存额，一般五元起存，存期分一年、三年、五年，存款金额由储户自定，每月存入一次，中途如有漏存，应在次月补存，未补存者，到期支取时按实存金额和实际存期计算利息。

4. 存本取息定期储蓄存款

本金一次存入，一般五千元起存。存期分一年、三年、五年，由储蓄机构发给存款凭证，到期一次支取本金，利息凭存单分期支取，可以一个月或几个月取息一次，由储户与储蓄机构协商确定。如到取息日未取息，以后可随时取息。如果储户需要提前支取本金，则要按定期存款提前支取的规定计算存期内利息，并扣回多支付的利息。

5. 整存零取定期储蓄存款

本金一次存入，一般一千元起存，存期分一年、三年、五年。由储蓄机构发给存单，凭存单分期支取本金，支取期分为一个月、三个月、半年，由储户与储蓄机构协商确定，利息于期满结清时支取。

6. 定活两便储蓄存款

由储蓄机构发给存单，一般五十元起存，存单分记名、不记名两种。记名式可挂失，不记名式不挂失。《储蓄治理条例》实施后存入的该项存款，计息一律按统一规定执行，即：存期不限，存期不满三个月的，按天数计付活期利息；存期三个月以上（含三个月），不满半年的，整个存期按支取日定期整存整取三个月存款利率打六折计息；存期半年以上（含半年），不满一年的，整个存期按支取日定期整存整取半年期存款利率打六折计息；存期在一年以上（含一年），无论存期多长，整个存期一律按支取日定期整存整取一年期存款利率打六折计息。

练一练

理财体验：合理计划压岁钱的使用

春节快到了，在春节同学们都会收到一些压岁钱。

1. 如果你是月光族，会如何使用这笔压岁钱？（写出最可能的用途。）

2. 假如今年你将收到1000元的压岁钱，请你来安排这笔钱的用途。

3. 现在要把你过年时得到的2000元压岁钱存入银行，你准备选择哪种储蓄方式？理由是什么？

辩一辩

美国老太太与中国老太太哪位消费理念更好

其一：一个中国老太太和一个美国老太太进了天堂，中国老太太垂头丧气地说："唉，过了一辈子苦日子，刚攒够钱买了一套房，本来要享享清福啦，可是却来到了天堂。"美国老太太却喜滋滋地说："我是住了一辈子的好房子，还了一辈子的债，刚还完，这不，也来到了这里。"

其二：一个中国老太太和一个美国老太太进了天堂，中国老太太看到垂头丧气的美国老太太问："你利用贷款买了房子，幸福地住了一辈子，怎么还愁眉苦脸呢？"美国老太太说："你有所不知，由于美国房产次贷引起的金融危机，使房价下跌，但我却还要继续承担高额的贷款，变得资不抵债了。只能选择将房屋扔给银行从而解决债务，但我也变得无家可归了。"

主要观点：

写一写

我的理财规划

我是中等职业学校的学生，刚被市区一家名牌童装店录用，底薪1000元，根据业绩提成，如果销售额达到一定的比例，每个月有500～2000元的奖金。一年后，底薪增加300元。

1. 家庭情况分析。我来自：（　　）

A. 农村家庭，父母务农，还有弟妹

B. 我来自城郊，父母做小本生意，还有弟妹

C. 我来自城区，独生子女，父母有固定收入

D. 其他：

2. 我的消费习惯：（　　）

A. 有好东西一定要买，不亏待自己，有钱先用光再说

B. 买好一定期间的必需品，其余自由支配

C. 只买必需的，结余的存放起来，

D. 把钱分为几等份，平均使用，绝不浪费一分钱

E. 其他：________________________________

3. 近期计划。

（1）1 年内（月薪 1500 元的分配）：

在第一年支出（月平均）计划安排：

生活费________，交通费________，房租费________，电话费______，日用品__________，购书________，储蓄________，帮助家庭________，社交费用_________，其他费用_____________，结余___________。

结余费用的安置原因：______________________________

（2）2～5 年（月薪 3000 元的分配）：

在转正以后，底薪增加及顾客群的建立，我的收入基本可以达到月均 3000 元。生活费__________，交通费________，房租费________，电话费________，日用品_________，购书_________，储蓄________，帮助家庭________，社交费用___________，其他费用______________，投资___________。

增加或减少费用的原因：____

4. 中长期计划。

10 年后，我想购买：A. 一辆车，价值 10～15 万元；B. 市郊房子的首付，大约 20 万元；C. 继续深造；D.__________。

（1）作出这项选择的原因：

____

____

（2）以前的消费结构要调整的项目是：

____

____

活动感言

____

____

____

活动延伸

1. 请你设计一份调查表（可利用网络资源），对学校的部分同学做一次调查，了解他们每月生活费的使用情况，并在分析调查结果的基础上对他们的理财观念提出几点建议。

2. 请利用双休日到附近的银行进行一次存款活动。开立一个账户，并存入 5 元钱。

模块二　拒绝“网瘾”

绿色上网，健康成长

活动导航

这幅漫画反映了一个什么问题？给你什么启发？

____

____

活动设计

一、设计背景

网络是一把“双刃剑”，我们要做一个高明的剑客，用这把高科技之剑舞出非凡的智慧、高雅的追求和健康的青春。仗剑走花季，防毒在今朝。同学们，让我们在纷繁芜杂的网络世界中用最敏锐的眼光辨清优劣，用最智慧的头脑严控自我，用最饱满的热情拥抱生活。

二、活动目标

1. 让同学们了解什么是网瘾。

2. 了解网瘾对人的危害。

3. 青少年如何合理利用网络，让它更好地服务于同学们的学习、生活。

三、活动形式

感悟探究、小组讨论、小型辩论会。

四、活动地点

教室。

五、活动准备

1. 同学们收集身边看到的或者亲身经历的网瘾案例。
2. 搜集报刊上对于如何正确上网的相关资料。
3. 多媒体教学设备。

活动过程

一、何为“网瘾”

看一看

观看视频《变形记》

【见电子资源包“第九单元”→“模块二”文件夹。】

议一议

视频中的小李同学对待老师和父母的态度如何？

____

____

是什么让他变得这般暴躁？

____

____

小链接

17岁，本该在念高中，可是瑞安少年程某却连初三都没念完，休学在家已达半年，这已是他三年来第二次休学了。每隔一两个星期，他还要到温州康宁医院接受心理医生的治疗。程某沉迷网络，面对计算机异常兴奋，每天至少连续上网七八个小时，无心吃饭，经常数日通宵。一旦离开计算机，整个人就会出现“戒断症状”，无精打采，全身酸软，哈欠连连，严重的时候还会流鼻涕眼泪，仿佛“毒瘾”发作一般。

2000 年以前，程某还是个聪明活泼的孩子，学习成绩也很好，与父母分外亲近。小学五年级之后，一切都改变了：程某经常过着日夜颠倒的生活，性格变得沉默寡言，脾气暴躁，不再与同学交往，更不愿与父母交流。

一切改变缘于一件事：2000 年，程某和小伙伴们去了几趟网吧，觉得上网打游戏很有意思，回家后就要父母给他买台计算机，不买就哭闹不止。程某的父母是经商的，从小对儿子非常宠爱，事业又比较成功，想到平时忙于生意，没什么时间照顾孩子，买台计算机可以让儿子无聊的时候打发时间，而且也想让孩子在同学面前有面子，于是就同意了。

没想到，程某很快就迷上了上网聊天、打网络游戏、去论坛“灌水”……网络的虚拟世界让程某难以自拔，话一天比一天少，小伙伴来约他出去玩也都被他拒绝了。由于经常上网至深夜，白天上课总是打瞌睡，学习成绩一落千丈。更为严重的是，程某对学习失去了兴趣，经常逃课去网吧上网，正规网吧不能上，就去黑网吧。程某的父母为此伤透了脑筋，数落儿子不听就打，打得鼻青脸肿，可程某依然我行我素，和父母的交流更少了。有一次，程某的父亲把网线给拔了，程某居然把自己关在房间里两天两夜不出来，程某的母亲心疼不已，又怕儿子跑到网吧里去上网，于是重新接上了网络。

从2000年到2005年，程某的“网瘾”越发严重，父母的惩罚也越加严厉，可一方面是“棍棒”，一方面是“溺爱”。期间，程某闹了两次转学，父母拗不过，都顺了他的意；程某为了去网吧偷了家里几次钱，离家出走了几次，程某的父亲失望到了极点，父子俩现在基本上形同陌路，少有对话。到2005年，程某已经出现了明显的“网瘾”戒断症状。2005年11月，程某第二次休学，程某的母亲带他到宁波一所网瘾戒断医院住院一个多星期。2006年夏天，又带他到北京一所中医院住院十几天，但是收效甚微。

说一说

青少年染上网瘾有哪些危害？我们身边是否有因为沉迷网络而迷失自己的例子？

二、我“上瘾”了吗？

测一测

网瘾指数测试题

来测测你是否有网瘾，试题的答案选项全部一样，分别是：完全没有（1分）、很少（2

分)、偶尔（3 分)、经常（4 分)、总是（5 分)。

1. 你有多少次在网上逗留的时间比你原来打算的时间要长？
2. 你有多少次忽视了你的家务而把更多的时间花在网上？
3. 你有多少次更喜欢互联网的刺激而不是与家人之间的相处？
4. 你有多少次与网友形成新的朋友关系？
5. 你生活中的其他人有多少次抱怨你在网上所花的时间太长？
6. 你的学习成绩和学校作业有多少次因为你在网上多花了时间而受到影响？
7. 在你需要做其他事情之前，你有多少次去检查你的电子邮件？
8. 由于互联网的存在，你的工作表现或生产效率有多少次受到影响？
9. 当有人问你在网上干什么时，你有多少次为自己辩护或者变得遮遮掩掩？
10. 你有多少次用互联网来排遣生活中的烦心事？
11. 你有多少次自己期待着再一次上网？
12. 你有多少次担心没有了互联网，生活将会变得烦闷、空虚和无趣？
13. 如果有人在你上网时打扰你，你有多少次厉声说话、叫喊或表示愤怒？
14. 你有多少次因为深夜上网而睡眠不足？
15. 你有多少次在下网时为互联网而出神，或者幻想自己在网上？
16. 当你在网上时，你有多少次自己在说“就再玩几分钟”？
17. 你有多少次试图减少花在网上的时间但却失败了？
18. 你有多少次试图隐瞒在网上所花的时间？
19. 你有多少次选择把更多的时间花在网上，而不是和其他人一起外出？
20. 当下网时，你感到沮丧、忧郁或者神经质，而这些情绪一旦回到网上就会无影无踪？

将每个题目答案所对应的分值相加，结果：________________________

20～39 分：你是一个普通的网络使用者。你有时候可能会在网上花较长的时间，但你能控制好上网时间。

40～69 分：由于互联网的存在，你正越来越频繁地遇到各种各样的问题。你应当认真考虑它们对你生活的影响。

70～100 分：互联网的使用正在给你的生活造成许多严重的问题。你需要现在就去解决它们。

辩一辩

青少年上网是利大于弊还是弊大于利

随着迅猛发展的计算机技术和网络的大规模普及，青少年开始接触和使用计算机，并且不少人把上网作为自己业余生活的一个重要组成部分。计算机网络改变着人们的工作、学习、生活、阅读和思维习惯，带给人们的是一片广阔的新空间。但不可否认的是，有些青少年因沉迷网吧而旷课或耽误工作，有些青少年因观看黄色网站而影响身心健康，有的利用网络犯罪，更有甚者猝死于网吧。你认为青少年上网是利大于弊还是弊大于利？

主要观点：____

____

____

____

三、保护自己，安全上网

读一读

案例一：近日，某中学生在与网友交往过程中将电话号码、家庭住址、本人姓名、就读学校等信息告诉对方，结果这位网友打电话到她家里骗取了大量钱财。

案例二：消费者孙先生看见“百乐购物网上商城”里出售的手机是原价的一半，便禁不住诱惑订购了一台索爱 S700，并向该网站的工商银行账户汇入 1500 元，账号为 955880410011011××××，收款人是张春茂。当对方收到款后，通知孙先生货已发出。但是到送货的那天，送货人突然提出手机是 6 部一起运来的，要孙先生至少买下三部或另加 3000～5000 元的开包费用。孙先生提出网站上未作出明示，要求退款，然而对方一直拖延不肯退款。这时孙先生意识到自己上当受骗了，便投诉到消费者协会。

案例三：某高三女生小琴两个月前在社交网站上认识了一个昵称为“爱你一生”的男性网友，两人没多久便无话不谈，并且有了“相见恨晚”的感觉。由于对方无微不至的关心和天花乱坠的甜言蜜语，使得小琴陷入了深深的爱河里，他们也以“老公”、“老婆”相称。不久，小琴在还没有详细了解对方的前提下答应了对方提出的见面要求。见面、吃饭之后对方进一步提出去宾馆的要求，小琴也没有及时警觉。第二天早晨，小琴发现宾馆里已没有了“爱你一生”的身影，而身上的钱财全部不翼而飞。

谈一谈

我们青少年在使用网络时，应该如何保护自身的健康与财产安全？

____

____

____

____

____

（1）没有经过父母同意，不要轻易把自己及家里的真实信息在网上告诉别人。

（2）如果要与网友见面，必须在父母的护送下，或与可信任的同学、朋友，最好是自己的长辈结伴而行。

(3)时常进同一个聊天室。在聊天室中，如果发现有人发表不正确的言论，应立刻离开，自己也不要散布不正确的言论或攻击别人。

(4)不要在聊天室或BBS上散布对别人有攻击性的话语，也不能传播或转发他人违反中小学生行为规范甚至触犯法律的内容，网上网下都得做守法的公民。

(5)尽可能不要在网上论坛、网上广告栏、聊天室上公开自己的E-mail地址。

(6)如果有多个E-mail信箱，尽可能设置不同的密码。

(7)如果收到垃圾邮件，应立刻删除。

(8)“少儿不宜”的网站不要进去。即使不小心进去了，应立刻离开。

(9)如果遇到网上有人刻意伤害你，应当立刻告诉家长或老师。

小链接

丰富多彩的网络世界为广大青少年益智广识提供了前所未有的便利条件。不过面对良莠不齐、泥沙俱下的网上咨讯，年轻一代的辨别和自律能力就显得尤其重要了。为增强青少年自觉抵御网上不良信息的意识，团中央、教育部、文化部、国务院新闻办、全国青联、全国学联、全国少工委、中国青少年网络协会向全社会发布了《全国青少年网络文明公约》，内容如下:

全国青少年网络文明公约

要善于网上学习，不浏览不良信息;
要诚实友好交流，不侮辱欺诈他人;
要增强自护意识，不随意约会网友;
要维护网络安全，不破坏网络秩序;
要有益身心健康，不沉溺虚拟时空。

活动感言

____

____

____

____

活动延伸

1. 请同学们在班上发起“绿色上网，抵制网瘾”的倡议活动，带动身边的人都能合理使用网络。

2. 请同学们制作一期关于“绿色上网”的黑板报。

模块三　阅读人生

书香伴我行

活动导航

与你的同桌分享一本最近看过的好书，说说你喜欢它的原因。

____

____

活动设计

一、设计背景

随着信息时代的发展，人们形成了快餐式阅读的习惯，缺乏读长篇文字所需要的耐心和坚持，特别是我们中职生存在着以下一些问题：学习无目的、无目标，不知道自己为什么要读书，无法体会读书的乐趣与幸福，更体会不到“知识就是力量”、“知识改变命运”等真理。

二、活动目标

1. 体会读书的乐趣，带动同学们形成读好书的共识，以及好读书的习惯。

2. 打造书香班级，优化班级文化环境，丰富学生的精神生活，搭建同学们读书交流的平台。

三、活动形式

感悟探究、小组讨论。

四、活动地点

教室。

五、活动准备

1. 搜集书籍，列出最近想看的书。
2. 给大家分享最喜欢的书。
3. 多媒体教学设备。

活动过程

一、我们为什么要读书

人不读书，便如一艘精美的船舶没有罗盘。尽管它每天都行驶在岁月的苍茫之海上，但没有方向，找不到自己真正想去的目标，当然也无法确定自己的位置所在。人不读书，犹如农夫经营贫瘠的田地，看似一生忙忙碌碌，但却总是看不到收获的希望。读书与做人做事有着割舍不开的联系，因为读书对人的教育和启示是其他的事情替代不了的。

想一想

读书可以给我们带来什么？

____

____

读书是一种乐趣，是一种享受，更是一种心灵的沐浴。杜甫所提倡的“读书破万卷，下笔如有神”等，无不强调多读书的好处。多读书，可以让你明事理、懂礼节、讲诚信；多读书，可以让你增加一些课外知识；多读书，可以让你变聪明，变得更有智慧去面对人生；多读书，能陶冶人的情操，还可以培养人的高尚品德。正如莎士比亚说的：“人的美丑是先天带来的命运，有没有素养则是书籍造就的命运。”

读一读

鲁迅嚼辣椒驱寒

鲁迅先生从小认真学习。少年时，在江南水师学堂读书，第一学期成绩优异，学校奖励了一枚金质奖章，他立即拿到南京鼓楼街头卖掉，然后买了几本书，又买了一串红辣椒。每当晚上寒冷时，夜读难耐，他便摘下一颗辣椒放在嘴里嚼，直辣得额头冒汗。他就用这种办法驱寒坚持读书。由于苦读书，鲁迅先生后来终于成为我国著名的文学家。

王亚南苦读成才

王亚南小时候胸有大志，酷爱读书。他在读中学时，为了争取更多的时间读书，特意把自己睡的木板床的一条腿锯短半尺，成为三腿床。每天读到深夜，疲劳时上床去睡一觉，迷糊中一翻身，床向短脚方向倾斜过去，他一下子惊醒过来便立刻下床，伏案夜读。天天如此，从未间断。结果，他年年都取得优异的成绩，被誉为班内的三杰之一。由于少年时勤奋刻苦读书，后来，王亚南成为我国杰出的经济学家。

郭沫若的读书方法

郭沫若曾写过一副读书联：“读不在三更五鼓，功只怕一曝十寒。”意思是说，读书要靠平时下工夫，不能一心血来潮就加班加点搞突击。要想获得成功，必须锲而不舍，持之以恒，决不能时而勤奋时而懈怠，三天打鱼两天晒网。

华罗庚的读书方法

华罗庚把读书过程归结为“由厚到薄”、“由薄到厚”两个阶段。当你对书的内容真正有了透彻的了解，抓住了全书的要点，掌握了全书的精神实质后，书就由厚变薄了，越是懂得透彻，就越有薄的感觉。如果在读书过程中，你对各章节作了深入探讨，在每页上加添注解，补充参考资料，那么书又会越读越厚。因此，读书就是由厚到薄，又由薄到厚的过程。

侯宝林抄书

相声语言大师侯宝林只上过三年小学，由于勤奋好学，他的艺术水平达到了炉火纯青的程度。有一次，他为了买到自己想要的一部明代笑话书《谑浪》，跑遍了北京城所有的旧书摊也未能如愿。后来，他得知北京图书馆有这部书，就决定把书抄回来。适值冬日，他顶着狂风，冒着大雪，一连十八天都跑到图书馆里去抄书，一部十多万字的书，终于被他抄录到手。

张广厚吃书

数学家张广厚有一次看到了一篇关于亏值的论文，觉得对自己的研究工作有用处，就一遍又一遍地反复阅读。这篇论文共20多页，他反反复复地念了半年多。因为经常反复翻摸，洁白的书页上留下一条明显的黑印。他的妻子对他开玩笑说：“这哪叫念书啊，简直是吃书。”

高尔基救书

世界文豪高尔基对书感情独深，爱书如命。有一次，他的房间失火了，他首先抱起的是书籍，其他任何东西都不考虑。为了抢救书籍，他险些被烧死。他说：“书籍一面启迪着我的智慧和心灵，一面帮助我在一片烂泥塘里站起来。如果没有书籍，我就会沉没在这片泥塘里，我就要被愚蠢和下流淹死。”

顾炎武自督读书

“天下兴亡，匹夫有责”这个家喻户晓的名言是由明末清初的爱国主义思想家、著名学者顾炎武最先提出的。 顾炎武自幼勤学，6岁启蒙，10岁开始读史书、文学名著。11岁那年，他的祖父蠡源公要求他读完《资治通鉴》，并告诫说：“现在有的人图省事，只浏览一下《纲目》之类的书便以为万事皆了了，我认为这是不足取的。”这番话使顾炎武领悟到，读书做学问是件老老实实的事，必须认真忠实地对待它。顾炎武勤奋治学，采取了“自督读书”的措施：首先，他给自己规定每天必须读完的卷数。其次，他限定自己每天读完后把所读的书抄写一遍。他读完《资治通鉴》后，一部书就变成了两部书。再次，他要求自己做笔记，写下心得体会。他的一部分读书笔记，后来汇编成了著名的《日知录》一书。最后，他在每年春秋两季都要温习前半年读过的书籍，边默诵，边请人朗读，发现差异立刻查对。

毛泽东主席爱读书

毛主席一直很忙，可他总是挤出时间，哪怕是分分秒秒也要用来看书学习。他的中南海故居简直是书天书地，卧室的书架上，办公桌、饭桌、茶几上，到处都是书，床上除一个人躺卧的位置外，也全都被书占领了。为了读书，毛主席把一切可以利用的时间都用上了。在游泳下水之前活动身体的几分钟里，有时还要看上几句名人的诗词。游泳上来后顾不上休息，就又捧起了书本。连上厕所的几分钟时间，他也从不白白地浪费掉。一部重刻宋代淳熙本《昭明文选》和其他一些书刊就是利用这样的时间，今天看一点，明天看一点，断断续续看完的。毛主席外出开会或视察工作，常常带一箱子书。途中列车震荡颠簸，他全然不顾，总是一手拿着放大镜、一手按着书页阅读不辍。到了外地，同在北京一样，床上、办公桌上、茶几上、饭桌上都摆放着书，一有空闲就看起来。毛主席晚年虽有病在身，仍不废阅读。他重读了解放前出版的从延安带到北京的一套精装《鲁迅全集》及其他许多书刊。有一次，毛主席发烧到 39℃多，医生不准他看书。他难过地说："我一辈子爱读书，现在你们不让我看书，叫我躺在这里，整天就是吃饭、睡觉，你们知道我是多么难受!"工作人员不得已，只好把拿走的书又放在他身边，他这才高兴地笑了。

说一说

我们经常抱怨没有时间阅读书籍，上述名人都是如何阅读的？你从他们身上学到了什么？

____

____

____

小链接

世界读书日的由来

书籍是人类知识和文化的载体，是人类智慧的结晶。它能够突破时间和空间的限制，实现不同时代、不同地域的知识和文化的传播、交流和融合。读书是人们获取知识和信息的重要手段，是人类吸取精神能量的重要途径。

1972 年，联合国教科文组织向全世界发出了"走向阅读社会"的号召，要求社会成员人人读书，让读书成为人们日常生活不可或缺的部分。

1995 年，联合国教科文组织宣布 4 月 23 日为"世界读书日"，旨在让各国政府与公众更加重视图书这一传播知识、表达观念和交流信息的形式。同时希望借此鼓励世人尤其是年轻人去发现阅读的乐趣，增强对版权的保护意识，并对那些为促进社会和文化进步做出不可替代贡献的人表示敬意。选择 4 月 23 日是因为这一天在世界文学领域具有纪念意义。世界文学巨匠莎士比亚、塞万提斯都是在 1616 年 4 月 23 日逝世的，许多著名作家如莫里斯·德吕翁、弗拉基米尔·纳博和曼努埃尔·梅希亚·瓦列霍等也都是在 4 月 23 日出生或辞世的。

二、阅读上存在的误区

1. 阅读“赶潮流”

读书，似乎也会流行。一会儿言情热，一会儿隐私热，一会儿汪国真的诗，一会儿小女子散文，一会儿又是卡通漫画……于是，有些同学就跟着书店广告走，盯着刊物介绍读，流行什么读什么，读了什么就谈什么。这实在是一种缺乏个性、缺乏主见的读书方法。同学们的阅读常缺乏明确的、健康的目的，对区别书的好坏优劣缺乏鉴别能力，不善于根据个人文化程度选择深浅适宜的阅读材料。读书应该根据自己的个性特长，有计划有系统地读。读书不是穿衣戴帽，不用赶时髦。赶时髦地读书，可以获得一些知识，但往往是零乱的、没有系统的，不可能获得扎实的、真正能受用一生的知识的。读书不是为了增添谈资，不是为了装潢门面，而是为了充实自己，丰富自己的真才实学。因此，读书要有华罗庚先生所说的那种“板凳要坐十年冷，文章不写半句空”的精神，要力戒浮躁，要有钻劲。

2.阅读的肤浅性

读书确实可以作为一种消遣、一种休闲，但不能专门读那些关于风流韵事、名人轶事、惊险奇事、骇人听闻的大案要案之类的闲书。读休闲书比较轻松，这是事实，但热衷于读这一类书，只能永远停留在肤浅、平庸的层面上，不可能有大的收获，也不可能有质的飞跃和达到新的境界。罗曼·罗兰说过：“与其花许多时间和精力去凿许多浅井，不如花同样的时间和精力去凿一口深井。”专门读通俗的浅层次的休闲书，等于在凿一口口没有水的浅井，永远也喝不到甘甜的清泉。作为想武装自己头脑的中职生，休闲书可以读一些，但必须把课余的主要精力与时间花在读高质量、高档次的书籍上。高质量的书，读起来肯定要艰难些、枯燥些，但其滋味往往是越啃越浓，越嚼越香。

3. 阅读情绪多变性

青少年学生处于青春发育期，在情绪上易波动、爱冲动、调控力差。在外界信息的不断冲击下，青少年学生的看法经常变动，情感世界也随之变动，阅读中常受情绪影响，有着多变性心理。心情好时，他们可以通宵看书；心情不好时，他们一页不翻。当青春期困惑时，他们爱看琼瑶的言情小说，希望能从书中寻找到自己的影子，能够解决他们自身的青春期问题；当喜爱体育运动的情绪围绕他们时，又爱看《足球小子》、《灌篮高手》等作品。总之，青少年学生的阅读情绪是多变的，这从一定程度上造成阅读中的随意性、盲目性等不良现象。

想一想

我存在上述的阅读问题吗？

____

____

三、学会阅读

1. 走向阅读

青少年学生的课余阅读潜力是很大的。有人对青少年学生的课内阅读量和课余阅读量作过对比统计：初中一年级学生在一学期内所读的各类教科书约70万字，高中一年级学生在一学期内所读的各类教科书约130万字；而在同一时间内，他们的课余阅读量分别可达700万字和1000万字，课内和课外的平均比值为1∶9。如此浩大的阅读量，如果我们能够按自己的兴趣、目标、能力进行定向阅读，一定会有很大的收获。

2. 选择阅读

世上有各种各样的书，有的不值一看，有的只值得看20分钟、有的可看5年，有的可保存一辈子，有的将永远不朽。即使是不朽的名著，由于我们的精力与时间有限，也必须加以选择。选择阅读策略有两层含义：

第一层含义是“读第一流的书”。在浩如烟海的图书文章中，只要经过认真的筛选和比较，你就不难发现，属于某一学科的第一流的代表著作有哪些，只要熟读这些著作，你就可以领略学科的全貌，了解学科的前沿和发展。

第二层含义是“读一流学者写的书”。所谓一流学者，是指在该学科领域里最知名、最有权威的科学家、学者。他们站在该学科或研究领域的最前沿，洞察该领域发展源流和发展趋势。读他们写的书，能够全面、准确地了解该学科领域的发展。

3. 时间巧安排

（1）零星时间阅读法：要善于利用课余之后点滴零星的时间进行阅读，积少成多。著名数学家苏步青说过：“我用的是零头布，做衣服有整料固然好，没有整段时间，就尽量把零星时间利用起来，加起来可观得很。”写下《物种起源》的生物学家达尔文说：“我从来都不认为半小时是微不足道的很小的一段时间。”

（2）整段时间阅读法：寒暑假、节假日对于爱读书的青少年学生来说是十分珍贵的。同学们在适当娱乐、温习功课之后，可根据自己的兴趣广泛涉猎，大量阅读。

4. 有效阅读

（1）书写批注。批注可以及时记录下阅读的心得体会或阅读重点，用不同的符号标识重要程度以方便重读或检查。再次翻阅时可以很快地回顾重点，还能够对比心得体会。

（2）填写阅读记录。一个简单的记录表，可以记录下某个关键内容和页码，需要查找时省时省力。

（3）二次阅读。许多好书是需要反复阅读的，每次都会有不一样的感受。

（4）定期分享。在与他人分享一本好书时，你会发现说出来感受会强化了你对书籍的印象，提升阅读的感受。

小链接

中职生课外阅读书目推荐

1.《中华经典精粹解读：论语》 李申 中华书局
2.《三国演义》 罗贯中 人民文学出版社
3.《西游记》 吴承恩 人民文学出版社
4.《水浒传》 施耐庵 人民文学出版社
5.《红楼梦》 曹雪芹 人民文学出版社
6.《鲁迅作品选读》 （任意版本）
7.《子夜》 茅盾 人民文学出版社
8.《家》 巴金 人民文学出版社
9.《骆驼祥子》 老舍 人民文学出版社
10.《围城》 钱钟书 人民文学出版社
11.《男生贾里全传》 秦文君 少年儿童出版社
12.《花季·雨季》 郁秀 海天出版社
13.《射雕英雄传》 金庸 三联书店
14.《汪洋中的一条船》 郑丰喜 华夏出版社
15.《汤姆叔叔的小屋》 （美）斯陀夫人 王家湘译 人民文学出版社
16.《少年维特之烦恼》 （德）歌德 郭沫若译 人民文学出版社
17.《钢铁是怎样炼成的》 （前苏联）奥斯特洛夫斯基 梅益译 人民文学出版社
18.《哈利·波特》系列丛书 （英）J.K.罗琳 人民文学出版社
19.《唐·吉诃德》 (西班牙)塞万提斯 杨绛译 人民文学出版社
20.《第二军团》 张之路 中国少年儿童出版社
21.《简·爱》 （英）夏洛蒂·勃朗特 吴钧燮译 人民文学出版社
22.《巴黎圣母院》 （法）雨果 陈敬荣译 人民文学出版社
23.《红与黑》 （法）司汤达 郝运译 人民文学出版社
24.《复活》 （俄）托尔斯泰 汝龙译 人民文学出版社
25.《欧也妮·葛朗台》 （法）巴尔扎克 张冠尧译 人民文学出版社
26.《匹克威克外传》 （英）狄更斯 蒋天佐译 上海译文出版社
27.《老人与海》 （美）海明威 赵少伟译 漓江出版社
28.《雪国》 （日）川端康成 叶渭渠译 中国社会科学出版社
29.《麦田里的守望者》 （美）塞林格 施咸荣译 译林出版社
30.《莫泊桑短篇小说选》 （法）莫泊桑 赵少侯译 人民文学出版社
31.《契诃夫短篇小说选》 （俄）契诃夫 汝龙译 人民文学出版社
32.《马克·吐温中短篇小说选》 （美）马克·吐温 叶冬心译 人民文学出版社
33.《欧·亨利短篇小说选》 （美）欧·亨利 王永年译 人民文学出版社

34.《唐诗三百首》 （清）蘅塘退士选编 陈婉俊补注 江苏古籍出版社
35.《中外微型小说读本》 （任意版本）
36.《中学生宋词选读》 （任意版本）
37.《中学生元曲选读》 （任意版本）
38.《中外抒情诗选》 （任意版本）
39.《女神》 郭沫若 人民文学出版社
40.《毛泽东诗词鉴赏》 吴功正 江苏古籍出版社
41.《泰戈尔诗选》 （印）泰戈尔 冰心等译 人民文学出版社
42.《普希金诗选》 （俄）普希金 卢永选编 人民文学出版社
43.《中国戏剧选读》 （任意版本）
44.《莎士比亚戏剧选》 （任意版本）
45.《繁星•春水》 冰心 人民文学出版社
46.《文化苦旅》 余秋雨 东方出版中心
47.《蒙田随笔集》 （法）蒙田 潘莉珍译 陕西师范大学出版社
48.《纪伯伦散文诗集》（黎巴嫩）纪伯伦 闻钟主编 人民邮电出版社
49.《中国散文读本》（任意版本）
50.《外国散文读本》（任意版本）
51.《当代杂文读本》（任意版本）
52.《美学散步》 宗白华 上海人民出版社
53.《谈美书简》 朱光潜 人民文学出版社
54.《美的历程》 李泽厚 中国社会科学出版社
55.《歌德谈话录》 （德）爱克曼 朱光潜译 人民文学出版社
56.《艺术欣赏入门》 陈平 孙长根 气象出版社
57.《中外影视经典》（任意版本）
58.《中外建筑经典》（任意版本）
59.《中外美术经典》（任意版本）
60.《漫话圣经》 （美）亨德里克•房龙 施旅 于一译 三联书店

阅读改变人生，我们阅读的书越多，学到的知识就越广泛，只有不断学习上进的人才能走上美好的人生路。读书，使我们从一个无知的孩童成长为一个略懂文化知识和科学技术的青少年；读书，使我们有了自己的思想，有了自己的是非观和审美观；读书，让我们初步尝试知识的无穷魅力，感受到作为生产力的科学技术的伟大力量。

活动感言

活动延伸

1. 在班上举办一次读书交流会，将自己读过的好书与其他同学分享。
2. 在教室设置“图书角”。

第十单元

关爱生命

模块一　生命教育　认识生命，珍惜生命

模块二　快乐运动　生命在于运动

模块三　恋爱教育　把握情感的天平

模块一　生命教育

认识生命，珍惜生命

活动导航

2014 年春节联欢晚会上，王铮亮演唱了《时间都去哪儿了》，歌中唱道：“门前老树长新芽，院里枯木又开花，半生存了好多话，藏进了满头白发……时间都去哪儿了，还没好好感受年轻就老了，生儿养女一辈子，满脑子都是孩子哭了笑了。时间都去哪儿了，还没好好看看你眼睛就花了。柴米油盐半辈子，转眼就只剩下满脸的皱纹了。”其中的背景图片是大萌子用相片记录的 30 年时间里她和家人的变化，让观众们感慨万千。其实，人们感慨的是人生的短暂，是对自己到底做了一些什么有意义、有价值的事情的反省和追问，是人们生命意识的自觉和顿悟。

作为中职生，你对生命有着怎样的感悟？

活动设计

一、设计背景

近年来，我国出现了很多自杀问题，青少年的自杀率也有升高的趋势，某些青少年甚至成年人缺乏对于生命的敬畏之心。须知，我们都是活生生的生命，是天地间最为神奇的创造。每个人只拥有这宝贵的唯一的机会，所以，无论我们拥有的社会资历和地位如何，都应该珍惜自己、接纳自己、善待自己。

二、活动目标

1. 让同学们明确生命只有一次，生命弥足珍贵，应该珍视自己的生命，学会对生命负责。
2. 感恩父母，学会爱护生命。
3. 检视自己的不良生活习惯，从健康生活开始，重视提升生命的质量。

三、活动形式

对比感悟、实践探究。

四、活动地点

教室。

五、活动准备

1. 每个同学准备一句关于珍惜生命的名言。
2. 多媒体教学设备。

一、生命来之不易

看一看

观看视频《Everyone is NO.1》

【见电子资源包“第十单元”→“模块一”文件夹。】

2007年8月，刘德华作为爱心大使，发布了自己填词的2008北京残奥会单曲《Everyone is NO.1》（《每个人都是第一名》）。在MV中，刘德华装上义肢，扮演一位因车祸截肢而对生活失去希望的快递员。这位快递员自从看到残疾运动员在赛场上奋勇拼搏后，决心振作起来直面人生，他的信念也感染了身边那些同病相怜的人。

歌曲《Everyone is NO.1》向我们传递了这样的信息：“希望所有人都能学习残疾运动员自强不息的精神，并且给予他们更多的关注与支持。一个身体残缺的人都能够再站起来，更何况是肢体健全的人呢？只要肯努力，每个人都是第一名。”

人类天生就有竞争的基因，喜欢获得胜利。有些同学也会自豪地说我获得过很多次第一名，我是长跑第一名，我曾获得写作冠军……但是有些同学就不那么自信，觉得自己从来没有得过第一名。在生命的领域里，我们每个人都是第一名，是生命的第一名。

一个生命的诞生不仅仅是精子和卵子的结合这么简单。最初进入母亲体内的精子有2亿至4亿个，它们只有一个目的，就是要顺利地与卵子结合。在这过程中，它们不仅要克服同伴的相互竞争与厮杀，还要和异常险恶的环境拼搏。到最后，只有一个精子可以顺利冲破重重障碍与卵子结合，诞生小生命。那一个精子靠着自己的勇敢，靠着自己的强壮，突破重围，成了几亿选手中的冠军。因此，我们每个人生命的诞生都是一个奇迹，都是第一名。

每个生命的诞生都是奇迹，但是对于母亲来说，十月怀胎的辛苦、一朝分娩的痛苦却是一个漫长的过程。在孕育过程中，母亲不仅要忍受强烈的身体反应，为了宝宝的健康，还要处处注意饮食起居。为了新生命的诞生，母亲们心甘情愿地付出自己的心血。因此生命的诞生是艰辛的，对我们个人而言，是一场几亿选手的长跑比赛，对我们的家人、我们的母亲来说，凝结了他们太多的关爱。

试一试

怀孕了

【体验方法】

每个小组派一名代表（男女皆可），将一个篮球绑在肚子上，做弯腰、捡地上的东西、蹲下系鞋带、上下楼梯、模拟挤公交车等动作。

每个同学均可在课外进行体验。

【体验感悟】

____

____

____

想一想

我们的生命来之不易，那么你思考过“我的生命属于谁”这个问题吗？

____

第一，生命属于自己。生命的长度由自己决定，或长或短；生命的色彩全由自己描绘，或鲜艳，或暗淡。

第二，生命属于父母。当你来到这个世间，你的生命便和爸妈紧紧相连。你是爸妈的骨肉，是爸妈生命的延续。你在，爸妈的希望就在。

第三，你的生命属于全家。你的出生给家庭带来了无限欢乐。回想和家人在一起度过的中秋、除夕，多少欢声笑语，多少开心往事。你寄托了全家人的希望，靠你去实现全家人没能实现的愿望。因此，从这个角度来说，你的生命属于你的家人，属于所有爱你和关心你的人。

生命是短暂的、不可重复的，每个人的生命只有一次。生命如花，我们都应该珍惜生命中的每一天，热爱生活，好好学习。

二、爱护生命

读一读

桑兰，原中国女子体操队队员，1993 年进入国家队，1997 年获得全国跳马冠军。1998 年 7 月 22 日，桑兰在第四届美国友好运动会的一次跳马练习中不慎受伤，造成颈椎骨折，胸部以下高位截瘫。然而坚强的她没有沮丧，而是坦然地接受了命运的挑战，从北京大学新闻系毕业，并成为 2008 年北京申奥大使之一，她始终坚持以自己的方式实现着奥运梦想。

2004年，云南大学学生马加爵杀害四名同学一案震惊全国。面对公安人员的讯问，马加爵的回答是因为一次打牌吵架，所以杀人。四名同窗好友的宝贵生命在马加爵眼里如同草芥，他可以毫无顾忌地用杀戮泄愤。

议一议

同样是面对挫折，这两个人的态度为什么会有这么大的区别?如果是我们，该怎样面对生命中的挫折和困难呢?

写下你曾经遇到过的挫折：____

____

你是如何面对和处理挫折的?____

____

有个词语叫做“沉没成本”，你了解它的意思吗？

沉没成本是指由于过去的决策已经发生了的，而不能由现在或将来的任何决策改变的成本。

这种因沉没成本而造成不良后果的例子在我们身边比比皆是。如寒窗苦读数十年的学子因最后的考试失败而一蹶不振；又如失恋后自暴自弃，甚至有些想不开选择离开这个世界，完全忽略了身边朋友的感受，不顾父母含辛茹苦的养育。在面临这些即已发生的困难和挫折，通常有三种不同对待人生的观念。

第一种：长期悲观，犹如世界末日来临一般，从而自暴自弃，不敢正视现实，终日沉湎于自怨自艾、自叹自怜之中，将自己紧紧地封锁在一个狭小的圈子内。

第二种：通过自我调节能够慢慢地接受，他们明白人生不会总是一帆风顺，难免遇到困难和不幸，但没有过不去的坎，没有趟不过的河，他们会慢慢地从不幸中走出来，继续迎接新的生活。这种人活得乐观，活得健康，活得积极。

第三种：不悲观、不叹息，而是勇敢地面对，理性地审视，在痛苦中重新思考，从失败中吸取力量，将挫折和不幸转化为宝贵的财富，为自己今后能更勇敢地战胜困难而积累经验。他们还从小我中挣脱出来，用自己的乐观豁达、幽默风趣、积极向上来感染、影响并帮助周围同样不幸的人也鼓起战胜困难的勇气。这种人活得坚强，活得高尚，活得有价值。

想一想

面对困难和挫折，你选择哪种人生观念？

我对待人生的观念是：____

世界上没有十全十美的生命。在肯定、尊重、悦纳、珍爱自己生命的同时，也应同样善待他人的生命。

当自己的生命受到威胁时不轻言放弃，不丧失生的希望；当他人的生命遭遇困境需要帮助时，尽自己的能力援助他人。

记住：悦纳自己，善待别人，永远不放弃生的希望。

三、健康生活，提升生命质量

你知道怎样才算健康吗?

健康是指一个人在身体、精神和社会等方面都处于良好的状态。

测一测

以下是目前学生中存在的不健康的生活方式，对比看看，你符合其中几种？

1. 极度缺乏体育锻炼
2. 有病不求医
3. 缺乏主动体检
4. 不吃早餐
5. 与家人缺少交流
6. 长时间处在空调环境中
7. 常坐不动
8. 不能保证睡眠时间
9. 面对电脑过久
10. 三餐饮食无规律等

我存在的不健康生活方式是: ________________________________

____

让我们看看长寿老人的经验：性格开朗，心态平和，思想单纯，忠厚传家，与世无争，对生活没有苛求，没有嫉恨，知足常乐。他们人际关系良好，邻里互相关照，生活规律，睡眠充足，早睡早起，常年坚持劳动和家务。他们比较讲究卫生，注意自我保健，很少吃药。

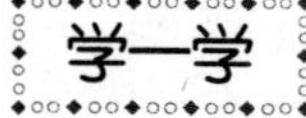

我也可以向长寿老人学习

我可以做到: ________________________________

____

健康不仅指身体的健康，也包括健康的心态，不同的心态塑造不同的人生。乐观、积极的人助自己成功，让自己快乐地活着；悲观消极的人让自己永远活在阴霾里，在绝望中痛苦地徘徊。

你的心态健康吗?

根据我国青春期人群的心理活动特点，达到心理健康应具备以下六个心理品质:

（1）智力发育正常，即个体智力发展水平与其实际年龄相称。

（2）稳定的情绪。尽管会有悲哀、困惑、失败、挫折等，但不会持续长久。

（3）能正确认识自己，清楚自己存在的价值,有自己的理想，对未来充满信心。

（4）有良好的人际关系。尊重理解他人，学习他人的长处，友善、宽容地与人相处。

（5）稳定、协调的个性，能对自己的个性倾向和个性心理特征进行有效控制和调节。

（6）热爱生活，能充分发挥自己各方面的潜力，不因挫折和失败而对生活失去信心。

查一查

我在哪些方面有所欠缺？

____

____

试一试

你可以这样调整：

1. 打盹：学会在一切场合，如办公室、走廊、汽车里打盹 10 分钟，这会令你精神振奋。

2. 想象：通过想象一个你所喜爱的地方，如大海、高山等放松大脑。把你的思绪集中在所想象东西的“看、闻、听”上，并渐渐入境，由此使精神放松。

3. 按摩：紧闭双目，用自己的手指尖用力按摩前额和后脖颈处，有规律地向一定方向旋转，不要漫无目的地揉搓。

4. 呼吸：快速进行浅呼吸。为了更好地放松，慢慢吸气、屏气，然后呼气，每一阶段持续 8 拍。

5. 腹部呼吸：平躺在地板上，面朝上，身体自然放松，紧闭双目，呼气，把肺部的气体全部呼出，腹部鼓起，然后紧缩腹部，吸气，最后放松，使腹部恢复原状。正常呼吸数分钟后再重复这一过程。

6. 摆脱常规：尝试用一些不同的新方法做一些你不常做的事，如双脚蹦着下楼梯等。

7. 放松反应：舒适地坐在一个安静的地方，紧闭双目，放松肌肉，默默地进行呼吸。

8. 发展兴趣：培养你对各种有益活动的兴趣，并尽情地去享受。

9. 伸展运动：伸展对消除紧张十分有益，它可以使全身肌肉得到放松。

10. 沐浴时唱歌：每次洗澡时放开你的歌喉，尽量拉长声调。因为大声唱歌需要不停地深呼吸，这样可以使心情愉快。

我们未来的人生道路还很长，让我们珍惜生命，健康生活，快乐每一天！

活动感言

____

____

活动延伸

课外阅读美国作家杰克·伦敦的小说《热爱生命》。

模块二　快乐运动

生命在于运动

活动导航

青少年时期是人生的一个重要阶段，青少年是国家的未来，肩负着建设祖国的重任。青少年的体质与健康水平直接影响着我国未来的国民体质健康水平，关系到中华民族未来的兴衰。

你每天锻炼________小时。

活动设计

一、设计背景

中国青少年体质已连续25年下降，其中力量、速度、爆发力、耐力等身体素质全面下滑，肥胖、豆芽菜型青少年儿童和近视青少年儿童的数量急剧增长。缺乏主动锻炼的意识是当今孩子们体质、素质较差的原因。很多人一提起锻炼就联想到苦和累，因此不能长期坚持体育锻炼。其实，体育锻炼有很多有趣的形式，让我们一起去发现吧！

二、活动目标

1. 使同学们了解自己的体质状况，明确缺乏锻炼的严重后果，认识坚持锻炼身体的益处。
2. 和老师一起寻找适合自己的锻炼方法。
3. 提高同学们锻炼身体的兴趣。

三、活动形式

体验感悟。

四、活动地点

运动场。

五、活动准备

1. 体质调查表。

2. 秒表、运动器械。

活动过程

一、我们为什么要锻炼

（1）体育锻炼有利于人体骨骼、肌肉的生长，增强心肺功能，改善血液循环系统、呼吸系统、消化系统的机能状况，有利于人体的生长发育，提高抗病能力，增强有机体的适应能力。

（2）降低儿童在成年后患上心脏病、高血压、糖尿病等疾病的机会。

（3）体育锻炼是增强体质的最积极、有效的手段之一。

（4）可以防止过早进入衰老期。

（5）体育锻炼能改善神经系统的调节功能，提高神经系统对人体活动时错综复杂变化的判断能力，并及时作出协调、准确、迅速的反应；使人体适应内外环境的变化，保持生命活动的正常进行。

小链接

中国青少年健康问题解决不好，将对建设人力资源强国战略构成威胁。青少年时期存在健康问题，将对中老年时的身体健康构成巨大隐患。青少年时期的肥胖、呼吸和心血管系统机能下降，是导致和诱发中年后糖尿病、冠心病等多种高致命性疾病的原因。

测一测

身体素质小测试

1. 双脚与肩同宽，伸直双腿站立后，你的手指握成拳头能够接触到地面吗？如果将手掌打开，才能接触到地面，那么说明身体下肢的柔韧度约为 40 岁。如果手腕能接触到地面，柔韧度为 20 岁左右。

2. 闭眼单脚站立：测试时，受试者自然站立，当听到“开始”口令后抬起任意一只脚，同时测试员开表计时。当受试者支撑脚移动或抬起的脚着地时，测试员停表。测试两次，取最好成绩，记录以秒为单位。

性别	1分	2分	3分	4分	5分
男/s	3～5	6～17	18～41	42～98	>98
女/s	3～5	6～15	16～36	34～90	>90

我的成绩是________秒。

3. 台阶试验：左右腿轮换在台阶上踏跳，以测试心肺功能适应水平。

男同学的台阶高度为40cm，女同学的台阶高度是35cm，根据男女身高的不同，台阶还可做适当的调整。测试可按下列步骤进行：

（1）测试时找一个同伴帮助你保持适当的踏跳节奏。节奏为每分钟踏30次，共3分钟，你可以让同伴用节拍器或声音提示你。你需要2秒钟上下各踏一次（把节拍器设置为每分钟60拍，每响一下踏一次）。在测试时你应左右腿轮换做踏跳动作，每次上下台阶后上体和双腿必须伸直。

（2）测试后，你应立即坐下，并测量运动后1分钟至1分30秒、2分钟至2分30秒、3分钟至3分30秒等三个恢复期的心率。

你的同伴帮助你计时，并记录运动后的心跳次数。测试的准确性在于你必须每分钟踏完30次，这样运动后恢复期内的心跳频率数据才是有效的。

评定指数计算公式如下：

$$\text{评定指数}=\frac{\text{登台阶运动持续时间}\times 100}{2\times\text{恢复期三次心率之和}}$$

评定指数计算	男/s	女/s
1分（差）	45.0～48.5	44.6～48.5
2分（较差）	48.6～53.5	48.6～53.2
3分（一般）	53.6～62.4	53.3～62.4
4分（较强）	62.5～70.8	62.5～70.2
5分（强）	>70.9	>70.3

你的成绩：____________________

你的身高：____________________

你的体重：____________________

经过测试，你认为你的身体素质：______________________________________

二、不同体质的人要采用不同的运动方式

很多人不知道如何选择适合自己的运动方式。有些人根据自己的兴趣爱好来选择，但其实并不适合自己的体质，导致因运动方式不适合而未能坚持或者因没有显著效果而放弃，有些人甚至因为运动方式不当造成损伤，如肌肉拉伤。所以选择一个适合自己的运动方式是很重要的，不仅可以锻炼身体，也可以保持身心愉悦。

身体瘦弱、脂肪少、肌肉力量不足、体力不佳的人在运动的时候，应该先慢慢地增强体

力，可以做散步、快步走、慢跑、有氧瑜伽等运动，慢慢地增强肌肉的力量、持久力和身体的柔韧度，然后再进行其他力量运动。

有些人看起来瘦弱但却有很多脂肪，这类人的肌肉力量和内脏器官功能往往不好，适合的运动是步行、爬楼梯、跳绳、转呼啦圈、游泳等促进脂肪燃烧的运动。体重过重且脂肪多的人应该多做有氧运动，如游泳，还可以做静态伸展运动，不可以做剧烈运动，因为肥胖的人往往有高血压的症状。

体重在标准范围内，但臀部、臂部以及腹部到大腿的脂肪超过标准的人，只要肌肉和关节没有问题，任何运动都可以参加，如打球、游泳、骑马等，但如果不经常锻炼就不能突然参加剧烈运动，如跑 800 米。运动前的运动热身也是必不可少的。

现在根据你的体质，你要采用哪些锻炼方式呢？

写一写

我的体质属于________________________，可以采取以下锻炼方式：

____

三、快乐运动，才能持续锻炼

很多同学一开始是有决心锻炼身体的，可是枯燥乏味的运动方式使得他们坚持不下去。特别是女同学，容易对体育锻炼产生倦怠心理。

1. 参加集体项目，更有乐趣

也许有人抱怨运动太枯燥，那么集体球类运动就是最佳的选择。学习之余大家聚在一起切磋球技、出出汗、聊聊天，既轻松又快乐，既增进友情又培养集体观念、合作意识。球拍拿起来，烦恼放下来，所有的烦恼、怨恨、忧愁统统在这里释放。当你大汗淋淋、精疲力竭时，你会深刻体会到酣畅淋漓的感觉。当你和拍档默契配合，几经拼搏以微弱优势险胜对手时，你会深刻体会到胜利的来之不易和欣喜。和拍档坐下来分享胜利的喜悦，一起细细回味比赛中某个精彩瞬间，友情也得到进一步升华。

集体球类运动有：足球、篮球、排球（气排球）、羽毛球、网球、乒乓球等。

2. 结伴锻炼，相互促进

如果以上项目由于人数原因不适合开展，在进行个人项目锻炼时也应尽量寻找伙伴一起锻炼，降低枯燥感，也可以相互促进。

健身房里的锻炼项目很多，如有氧操课程的大众健身操、有氧舞蹈、搏击健美操、动感单车、健身球、水中韵律操、街舞、瑜伽、莱美国际健身体系、芭蕾、太极、跆搏等；有氧器械类型种类也非常多，如有氧自行车、划船器、全功能椭圆运转机、台阶器；力量器械类型常见的有自由训练器械、机器器械训练等多种时尚健身项目。

3. 各种运动项目交替开展

不同的运动项目锻炼身体的部位不同，如果单一地进行同一种运动方式，容易造成身体某个部位的损伤。所以交替开展不同的运动项目，既提高了新鲜感与乐趣，也保护了身体。

例如，气温不高且天气晴好的时候进行户外登山、自行车骑行和慢跑比较适合；夏天高温时，游泳是最好的锻炼方法，也可以选择在室内练习瑜伽，这些运动对提高身体柔韧性和心肺功能有很大好处；冬季运动首选有氧运动，如健身操、篮球、足球、轮滑等项目，但由于天气寒冷，关节僵硬，容易受伤，应注意作好热身运动。

写一写

我最擅长的体育项目有：______________________________

活动感言

____

____

____

活动延伸

以班级为单位完成体质健康调查问卷，完成后交任课体育教师。

体质健康调查问卷

1. 请问您的性别：（　　）

A. 男　　B. 女

2. 您认为自己的身体状况如何？（　　）

A. 健康　　B. 亚健康　　C. 不健康　　D. 不清楚

3. 您认为您现在的饮食结构是否合理？　（　　）

A. 非常合理　　B. 还好　　C. 摄取不合理，比较单一

4. 您是否有吸烟的习惯？　（　　）

A. 是　　B. 否　　C. 曾经吸过，但现在戒掉了

5. 每周的饮酒次数：　（　　）

A. 没有　　B. 一次到两次　　C. 三次到四次　　D. 五次以上

6. 睡眠关乎一个人的体质，您是否能保证每天八小时的睡眠时间？　（　　）

A. 能，我每天都按时睡觉

B. 基本能，不过有时候晚睡早起

C. 不能，我经常熬夜

7. 您知道自己的身高、体重、肺活量、血压等体测项目的具体数值吗？　（　　）

A. 了解，并且相当注意　　B. 了解，不关心

C. 不知道，无所谓

8. 您平均每周锻炼几次？　（　　）

A. 不锻炼　　B. 一次到两次　　C. 三次到四次　　D. 五次以上

9. 您一般在什么时间进行锻炼？　（　　）

A. 早上　　B. 下午　　C. 晚上　　D. 不确定

10. 平均每次锻炼的时间是多久？　（　　）

A. 30 分钟以下　　B.30～60 分钟　　C. 60 分钟以上

11. 在学校中，我们有很多机会可以运动，你最喜欢哪项运动？　（　　）

A. 球类　　B.田径　　C. 体操　　D. 武术

E. 其他

12. 您参加体育锻炼的目的是什么？　（　　）

A. 强身健体　　B. 消遣与精神发泄

C. 磨炼意志　　D. 减肥

E. 其他

13. 对于学校举办的运动会，您会不会积极参与？　（　　）

A. 积极报名，积极参加训练，增强体质

B. 重在参与，从中得到快乐

C. 我认为没必要开运动会

14. 您对于近几年频繁出现的学生运动会猝死事件有什么看法？　（　　）

A. 个人平时不注意锻炼的结果

B. 大学生平均体质下降的表现

C. 学习时间紧，课业压力大，缺少锻炼

15. 生活中许多事与你的运动计划冲突，哪项是影响您锻炼的主要因素？　（　　）

A. 学习　　B.上网　　C. 逛街　　D. 工作

E. 谈恋爱　　　　F. 其他

16. 您会有效利用寒暑假时间进行锻炼吗？（　　）

A. 每天坚持锻炼

B. 虽不每天锻炼，但可以保证一定量的锻炼

C. 宁可在家看电视上网也不出去锻炼

17. 很多省份都提出过“体质健康不达标不能毕业”的政策。您对此有什么看法？（　　）

A. 应该这么做，有利于增强学生体质

B. 学习是第一位的

C. 不应该这样，个人体质不同，没有很好的衡量标准

18. 您认为中职生体质下降的原因有哪些？（多选）（　　）

A. 交通工具的改进　　　　B. 家务劳动的减少

C. 计算机的普及　　　　D. 学习课业紧

E. 体育活动减少　　　　F. 学校基础体育设施建设不好

G. 自身锻炼意识减弱　　　　H. 教育体制对体质健康的不重视

模块三　恋爱教育

把握情感的天平

活动导航

19世纪德国诗人歌德曾写下著名的诗句："哪个少男不钟情，哪个少女不怀春？"的确，随着青春期的悄然来临，一股说不清、道不明的情愫便悄悄地在少男少女的心中潜滋暗长了。但是，你听说过这些事例吗？

事例1：某中职生16岁，家境一般，因为女朋友过生日没钱送礼物便动了歪念，先后三次持刀抢劫，用抢来的钱为女朋友买了台苹果手机，结果锒铛入狱。

事例2：某女中职生17岁，因恋爱怀孕，一直不敢告诉父母、老师，最后在宿舍厕所中产子。由于害怕被发现，把婴儿从楼上丢下致婴儿死亡。

面对这些让人扼腕叹息的结果，处于青春期的你有没有在心中问自己："爱，我准备好了吗？"

你赞成中职生谈恋爱吗？为什么？

____

____

活动设计

一、设计背景

青春期是花一样的季节，在这个阶段，人的第二性征逐渐发育，性意识慢慢成熟。此时情绪较为敏感、易冲动，对异性充满了好奇和向往，会出现许多情感的困惑。面对这个重要时期，让我们及时、全面、人性化地相互帮助，共同度过。

二、活动目标

1. 培养同学们对青春期性生理和性心理的正确认识。
2. 防范青春期恋爱可能出现的危害。
3. 唤起男生尊重女性、女生保护自己的意识。

三、活动形式

小型辩论、案例讨论、体验感悟。

四、活动地点

教室。

五、活动准备

1. 多媒体教学设备。

2. 调查问卷。

活动过程

一、青春期的生理和心理变化

进入中等职业学校学习的学生年龄一般在15～18岁，正处在青春期的中晚期，在生理和心理方面有着共同的特点。

1. 生理方面

第二性征出现，如男性表现为喉结突出，声音变粗，长胡须，阴毛、腋毛先后出现。女性表现为声音高亢，乳房发育，骨盆变宽，臀部变大，阴毛、腋毛先后出现。进入青春期的青少年不但身高、体重迅速增长，神经系统和内脏器官的生理功能也在迅速增强，身体的发育逐渐成熟。

2. 心理方面

思想高度发展，能有系统、合乎逻辑地掌握知识，理解能力不断提高，并接近成人。活动中的主动性、进取精神及自制力明显增强。但由于身体成熟和思想发展的不平衡，在意志上有受情绪影响而波动的现象。

青春期最突出的特点是性发育，所以又称为性成熟期。青春期性心理有三大特征：一是性渴望，二是性萌动，三是性幻想。随着性意识的发展，对异性敏感和关注，愿意接近甚至倾慕异性，异性效应显著增强。

读一读

清代诗人袁枚在《子不语》中的一则故事。

沙弥思老虎

五台山上有个老和尚，收了个三岁的小男孩做沙弥。师徒二人在五台山最高的山顶上修行，从来不下山。

过了十几年后，老和尚带着刚成年的沙弥下山观光。因为长期离群索居，沙弥见了牛羊鸡犬都不认识。老和尚一一告诉徒弟："这叫牛，可以耕田；这叫马，人可以骑；这叫鸡，可以报晓；这叫狗，可以守门。"

沙弥觉得新鲜，一会儿有个少女走了过来，沙弥惊问道："这又是什么？"老和尚害怕他动了凡心，因而正色地说："这叫老虎，人要接近它，就会被它咬死，尸骨不存。"沙弥答应着。晚上回到了山顶，老和尚问道："你今天在山下所见的东西，可有现在还在心头想念的？"

沙弥回答说："别的都不想，只是想那吃人的老虎。"

说一说

这个故事说明了什么？

辩一辩

同学们通过以上故事，可能都认为：处于青春期的学生，生理和心理都有成人化的趋势，所以对异性产生爱意或是发生恋爱行为是青春期的普遍情况，是生理与心理发育的必然结果。

真的如此吗？

情窦初开是一种最原始的自然情感，它纯洁、真诚，毫无装腔作势之情。在青春期这一阶段，少男少女的心里，异性间爱慕、欣赏、吸引就是一切，不加任何条件。少男少女对爱情的一个最大误解就是以为浪漫激情就是爱情。然而，青春期的浪漫激情多半出自性动机，性动机实属自然，但却不专一、不长久。由性动机驱使的激情，美丽而脆弱，浅薄而短暂。

二、防范青春期恋爱可能带来的危害

想一想

根据社会调查显示，我国高中阶段学生曾经恋爱过和正在恋爱的比例非常高，由此带来的社会问题也逐渐增多。对此，你是怎么看的呢？

青春期恋爱的益处	青春期恋爱的危害
________	________
________	________
________	________
________	________

从青春期青少年的生理、心理特点和青春期恋爱的各种情况综合来看，青春期恋爱通常存在的危害有影响学习、和成年人相比更容易受到心理伤害、有可能威胁身体健康（如少女怀孕）、容易产生过失行为等。

那么，我们应该如何防范危害呢？

（1）交往双方一定要互相尊重，珍爱自己，以诚相待。

（2）要从思想上和行为上分清友谊与爱情的界限。

（3）我们既要反对男女之间“授受不亲”的传统观念，又要注意“男女有别”的客观事实。

（4）应多在集体活动中交往。若是单独相处时，一定要注意选择好环境和场所，尽量不要在偏僻、昏暗处长谈。

（5）男女生交往中，女同学要自尊、自重，男同学要有自制力。

议一议

情景一：当有异性同学邀请你：“这个周末我们一起去郊游，行吗？”你会怎么做？

____

情景二：收到“情书”后。

女生小王是一个容貌秀丽、品学兼优的班干部，与学习困难的男生小李同桌，小李经常向小王请教学习上的问题或借一些学习用品。这一天，小王正在做数学作业，一张小纸条悄悄地传到她的面前，字条上写着：“我非常喜欢你，做我的女朋友好吗？”小王心里“咯噔”一下，脸刷地红了，不知如何是好。

请你为小王出出主意。

____

每一个步入青春期的少男少女随着生理的逐步成熟，会开始关注异性，并希望了解他们，与他们交往，这是一种正常的心理现象。绝大多数同学都“早恋”或“单恋”过一个自己很喜欢的异性。关键是同学们如何正确处理早恋和男女生正常交往的关系，不要过分地敏感，不要以为异性对你好一点就是相爱，也不要动不动就向他人表达爱意。当有人向你表示爱意或求爱时，当你对异性萌生爱意时，可采取如下方法：

（1）转移法。把精力转移到学习上去，用探求知识的乐趣来取代不成熟的感情。

（2）冷处理法。逐步疏远彼此的关系，以冷却灼热的恋情。

（3）搁置法。终止恋情，使双方的心扉不向对方开启，保持纯洁的、珍贵的友谊。

我国伟大的教育家陶行知先生曾这样教育青少年：每个人，无论男女，到了一定年龄是要谈恋爱，要过家庭生活的。但是，如树上的果子，是熟的好吃，还是生的好吃？

花季的情感是一种最美好的情感，然而如果处理不好，就会毁了自己的一生。人生每个阶段都有每个阶段的使命，我们千万不可以在春天就去挥霍夏天。莫让情感航船过早靠岸。

活动感言

活动延伸

完成《中职生青春期情感现状调查表》，以班级为单位形成调查报告交给班主任。

中职生青春期情感现状调查表

本次问卷调查是为了解各位同学的青春期情感现状，为相关研究提供数据。本次问卷共13题，请您根据自己的真实感受选择相应的选项。除特殊标注外，均为单选题。本次调查采用不记名方式，调查结果严格保密，因此不会给您带来任何麻烦，请认真作答。谢谢您的合作。

性别：　　年龄：　　年级：　　家庭情况：□双亲　　□单亲

1. 如果你周围的同学谈恋爱，你怎样看待这一行为？（　　）

A. 支持，谈恋爱是青春期正常需求

B. 反对，谈恋爱会对学习、生活产生负面影响

C. 无所谓，谈恋爱很美好，但要三思而后行，不要影响前途

2. 你认为怎样算是谈恋爱了？（　　）

A. 有与某个异性在一起的想法　　B.牵手

C. 拥抱　　D. 接吻

E. 性行为

3. 你有谈恋爱或类似的经历吗？（　　）

A. 正在进行时　　B. 有过

C. 只有朦胧的情感体验　　D. 没有

4. 你周围的同学谈恋爱后，他们有什么变化？（　　）

A. 变得很敏感，情绪波动大

B. 增加了学习的动力，学会关心别人

C. 没有变化

5. 如果你喜欢一个人，会是他（她）的哪些方面吸引了你？（可多选）（　　）

A. 外表　　B. 家庭背景

C. 个人修养　　D. 个性

E. 学习成绩

6. 你身边恋爱的人平常多数是怎样谈恋爱的？（可多选）（　　）

A. 一起学习，一起去图书馆　　B. 一起运动

C. 周末一起出去玩　　D. 和一般同学没有区别

E. 其他（请填写）：___________

7. 你班上的同学有多少人谈恋爱了（1%～100%）：___________

8. 你周围谈恋爱的同学是因为什么原因而谈恋爱的？（可多选）（　　）

A. 赶潮流，满足虚荣心

B. 好奇（学校生活无聊）

C. 叛逆，跟家长老师对着干

D. 压力太大，寻求寄托或安慰

E. 真心喜欢他（她）

F. 其他（请填写）：___________

9. 谈恋爱的同学失恋后会选择什么样的发泄方式？（可多选）（　　）

A. 打游戏　　B. 自虐、暴饮暴食

C. 报复　　D. 刻苦学习

E. 大哭一场　　F. 其他（请填写）：___________

10. 你的父母怎样看待中职生谈恋爱的现象？（　　）

A. 支持　　B. 反对

C. 只要不影响学习就行

11. 对于那些谈恋爱的同学，你觉得谈恋爱对他们有影响吗？（　　）

A. 有　　B. 没有

12. 那些谈恋爱的同学大多成绩怎么样？（　　）

A. 很好　　B. 一般

C. 很差　　D. 有的好，有的不好

13. 你觉得下列哪些可能是谈恋爱对中职生造成的影响？（可多选）　　（　　）

A. 上课注意力不集中、易走神　　B. 情绪不稳定

C. 不想学习　　D. 学习更有动力，成绩上升

E. 给感情生活留下阴影　　F. 觉得更快乐了

G. 可以一起分享和分担喜与忧　　H. 其他（请填写）：__________

第十一单元

安全守法

模块一　法制教育

我们与法同行

活动导航

看了这幅画，你同意他们的观点吗？如果不同意，请说说你的观点。

____

____

活动设计

一、设计背景

近年来，由于各种因素的影响，我国青少年犯罪率日渐上升，给社会、家庭和个人造成了严重的危害和巨大的不幸，也对实现依法治国的战略目标提出了严峻的考验。中等职业学校学生的违法、犯罪率均高于普通中学，对同学们进行法制教育尤为重要和紧迫。

二、活动目标

1. 让同学们认识到违法犯罪的危害，达到预防犯罪的目的。
2. 通过案例使同学们明白交友须谨慎。
3. 加强法制教育宣传，增强同学们的自我保护意识，养成学法、懂法的好习惯。

三、活动形式

感悟探究、小组讨论。

四、活动地点

教室。

五、活动准备

1. 同学们从图书、报刊、广播、电视和网络上搜集、查询有关法律知识、青少年犯罪案例等各种资料。

2. 多媒体教学设备。

活动过程

一、青春路上

看一看

观看幻灯片

【见电子资源包“第十一单元”→“模块一”文件夹。】

案例一：一条围巾撕裂6户家庭

2013年2月，杭州高中生阿红与同学阿洁因一点小矛盾发生争吵。2月17日那天，怀恨在心的阿洁纠集其他4人，将阿红骗至阿华家中，用围巾将阿红勒死并肢解，随后弃尸野外。这起命案不仅毁了6个孩子的前途，还撕裂了6户家庭。

案例二：网络杀手

唐某和古某是在网络游戏中认识的，由于古某在网络游戏中杀死了唐某的朋友并抢了唐某在游戏中的老婆，两人在游戏中又多次厮杀，唐某总是失败，终于在被古某杀死23次之后，唐某决定叫上几个平时一起玩网络游戏的兄弟去找到现实中的古某，好好教训他一顿。最终古某倒在了血泊中。

说一说

1. 以上案例主人公的行为触犯了法律，请问什么是法律？

2. 我国法律法规日趋完善，不难发现我们身边无处不存在法律的气息，如《中华人民共和国未成年人保护法》、《中华人民共和国教育法》、《中华人民共和国教师法》、《中华人民共和国消费者权益保护法》、《中华人民共和国刑法》、《中华人民共和国民法》等。案例中的阿洁、唐某违反了哪些法律法规？

3. 阿洁、唐某的犯罪行为带来了哪些伤害？

看一看

观看视频《青少年犯罪之八大必惩》

【见电子资源包“第十一单元”→“模块一”文件夹。】

写一写

1. 请你根据视频内容写出青少年犯罪之八大必惩行为。

2. 前述案例中的阿洁、唐某属于哪种犯罪行为？会受到惩罚吗？

青春是靓丽的，也是娇嫩的。同学们正处在人生的重要阶段，让青春绚丽多彩是我们大家所期望的。如何更好地进行自我保护和防范呢？答案是一句屡见不鲜的话：知法、守法、用法。俗话说：“没有规矩，不成方圆。”宇宙中的星球都在按照各自的轨道运行，否则就会发生天体大碰撞；马路上的车辆必须遵守交通规则，不然就会发生交通事故。我们生活在社会中，必然也要受到法律的约束，任何人在任何情况下一旦违反法律，就会被追究法律责任。

二、一般违法与犯罪

常常有人认为违法就是犯罪，其实违法和犯罪是两个不同的概念，二者既有联系又有区别。违法是指一切违反国家宪法、法律、法令、行政法规和行政规章的行为，其外延极为广泛。犯罪则必须符合《中华人民共和国刑法》关于犯罪的规定。

1. 一般违法与犯罪的区别

类　型	危 害 性	触犯法律	处罚程度
一般违法	违法情节轻微，对社会危害不大	刑法以外的法律	承担民事责任或行政处罚（一般强制性措施）
犯罪	违法情节严重，对社会危害大	刑法	受到刑事处罚（严厉的强制性措施）

2. 一般违法与犯罪的联系

首先，二者都是违法行为，都违反国家的法律、法规；其次，二者都具有社会危害性，都不同程度地损害国家和人民的利益。它们之间没有不可逾越的鸿沟，有一般违法行为的人，如果不改正，发展下去就可能犯罪。

为此，同学们要加强修养，注意防微杜渐。

辨一辨

指出下列行为，哪些属于一般违法行为？哪些属于犯罪？

1. 在电影院、公共汽车站等场所起哄、吵闹、滋事、斗殴。
2. 扰乱学校正常的教学秩序，妨碍教学活动的顺利进行。
3. 故意损毁、移动施工路段覆盖物、标志、围栏，妨害公共安全。
4. 偷窃、勒索少量公私财物。
5. 故意损毁路灯、邮筒、公用电话等设施。
6. 破坏草坪、花卉、树木。
7. 使用音响器材音量过大，不听劝阻。
8. 骑自行车双手离把或两人扶肩行驶，妨碍交通。
9. 殴打他人致死亡。
10. 殴打他人致轻伤。
11. 损害他人荣誉，如对获得光荣称号的模范人物进行挖苦、讽刺、打击。
12. 吸毒。
13. 随意拨打 110。
14. 辱骂他人。
15. 携带管制刀具。

查一查

你了解同龄人中存在哪些一般违法行为吗？

____

____

____

有则改之无则加勉，不良行为可能发展为违法犯罪，“千里之堤,毁于蚁穴”,同学们一定要牢记“勿以恶小而为之”。

三、防微杜渐，与法同行

1. 增强法制观念，不做法律禁止的事。
2. 防患于未然，自觉纠正不良行为。

3. 热情帮助有不良行为的同学。

帮一帮

下面画中的同学遇到了哪些险情？你为他们脱离危险想到了哪些好的办法？

议一议

分组讨论：我们如何保护自己？

小链接

青少年自我保护十二招

第 1 招　警惕“黄狼”入室：健康第一，高尚情趣。抗拒诱惑，抵制黄毒。

第 2 招　学会独处：独自在家，不必害怕，管好自己，安全潇洒。

第 3 招　不要轻易“打”“听”：要打电话，先问费用，量入为出，全家安宁。

第 4 招　预防 21 世纪“新瘟疫”：艾滋病毒，可以预防，洁身自爱，永葆健康。

第 5 招　火里逃生：防火须知，勿当儿戏，火警电话，不可忘记。

第 6 招　“电老虎”屁股摸不得：电是老虎，不可糊涂，预防触电，请教父母。

第 7 招　未成年少女自护：少女合群，防止无助，冷静机智，勇敢自护。

第 8 招　电脑与自护：电脑神奇，积极学习，你是主人，莫做奴隶。

第 9 招　不做小烟民：吸烟成瘾，疾病缠身，健康自尊，不做烟民。

第 10 招　面对校园暴力：不卑不亢，自卫适当；对症下药，人人舒畅。

第 11 招　学会用法律保护自己：学法懂法，依法行动；合法权益，应当力争。

第 12 招　求助“快速突击队”：紧急危险，求助莫慢，快拨 110，转危为安。

读一读

全班诵读《守法格言》。

守法格言

1. 无规矩不成方圆。
2. 秩序是自由的第一条件。
3. 做任何事都要有规矩，懂规矩，守规矩。法律即秩序，良好的法律就是良好的秩序。
4. 若要美德得以保存，法律是必需的；若要法律得以遵守，美德则是不可缺少的。

法律是正义之火，法律是和谐之基，有了法律，社会才能发展进步；法律是文明之花，有了法律，公民才能提高素养；法律是实践之果，有了法律，国家才能长治久安。同学们，遵纪守法是我们做人的底线，为了我们能够健康成长，为了我们美好的明天，让我们做一名遵纪守法的好公民。

活动感言

____

____

____

____

活动延伸

请同学们撰写一篇《我们与法同行》的演讲稿。

模块二 安全教育

假如我变成了回忆

活动导航

图片上的人怎么啦？会发生什么严重后果吗？

____

____

活动导航

一、设计背景

“人最宝贵的是生命，生命对于每个人只有一次”这是《钢铁是怎样炼成的》中的一句话，是保尔发自内心的感想。学校是人口集聚的特殊场合，学校安全工作关系到社会的稳定，关系到学校的教育教学工作能否正常开展。安全知识我们不仅月月讲、天天讲，还要时时讲。

这样才能更好地坚持以“安全第一，预防为主”的原则，普及安全知识，营造关注安全、关爱生命的氛围，进一步增强师生的安全意识，提高防范各种安全事故的能力，最大限度地消除学校安全事故隐患，为创建平安校园而努力。

二、活动目标

1.了解安全隐患，感悟生命的可贵。

2. 通过教师的讲解、同学间的讨论等形式引起同学们对安全问题的重视，使学生安全、健康成长。

三、活动形式

感悟探究、小组讨论。

四、活动地点

教室。

五、活动准备

1. 同学们预先从图书、报刊、广播、电视和网络上搜集安全事故案例等资料。

2. 多媒体教学设备。

活动过程

一、来自同龄人的遭遇

看一看

观看幻灯片《天堂里有没有车来车往》

【见电子资源包“第十一单元”→“模块二”文件夹。】

2013 年 3 月 9 日 18 时左右，5 名小学生在山西河津市僧楼镇北王堡村农田一蓄水池溺水身亡。截至当日 20 时 20 分，5 名小学生的尸体全部打捞出水。经查，事件发生的原因是这几名学生周六结伴到蓄水池边玩耍，意外溺水。

2013 年 2 月 27 日 7 时许，湖北襄阳老河口市薛集镇秦集小学发生踩踏事故，造成 4 名学生死亡，多名学生受伤。

2006 年月 10 月 1 日，某县技校学生李飞和其弟李翔无证骑乘一辆无牌五羊 125 型二轮摩托车行至城镇李会腰路段时与一辆大货车相撞，致二人当场死亡。

1994 年 12 月 31 日，吉林某学校教学楼一学生在室内吸烟，将用后未熄灭的火柴随手扔在木质地板上，恰巧掉进地板的窟窿里，引燃地板下的可燃物酿成火灾。火灾烧毁教室 19 间、语音室 1 间、阶梯教室 1 间，过火面积 955 平方米，所幸未造成人员伤亡。

谈一谈

当家人、朋友、同学变成了你的回忆，你有何感受？

二、校园安全

学校安全工作是全社会安全工作的一个十分重要的组成部分。它直接关系到同学们能否安全、健康地成长，关系到千千万万个家庭的幸福安宁和社会稳定。保护好每一个同学，使意外事故减少到最低限度，已成为学校教育和管理的重要内容。这其中也需要每个同学牢固树立安全意识，做到“防险之心不可无”。

说一说

校园内容易发生哪些意外事故？主要原因有哪些？

为避免校园意外事故的发生，我们应该怎么做？

三、交通安全

近年来，随着科技的发展、社会的进步，交通运输业日益成熟，人们的出行方式也日趋多元化。然而，这一现象的背后隐藏着不容忽视的重大问题——交通安全问题。

有同学会说：“交通安全有什么？只要在过马路和骑车时注意车辆、行人和红绿灯不就行了吗？”这种说法过于片面。也许就是因为疏忽了某一个细节，带来终生遗憾。“高高兴兴上学去，平平安安回家来”是每个学校老师和学生家长对学生的共同心愿。同学们在学好科学文化知识的同时，更应该学会如何保护自己。在交通日益繁忙、生活节奏加快的今天，遵守交通规则更是刻不容缓，这样才为我们前进的路上加了护栏。遵守交通法规，人人有责。人人遵守交通规则，社会才能安定。

看一看

观看《交通安全宣传片》

【见电子资源包“第十一单元”→“模块二”文件夹。】

谈一谈

《交通安全宣传片》告诫我们一定要杜绝哪些交通违法现象？

____

____

交通违法极易给我们带来哪些伤害？

____

____

查一查

不到16岁不能骑电动车上学，你做到了吗？

____

不能违法开燃油助力车，你做到了吗？

____

下图中的情形你有做过吗？你身边的同学呢？你发现同学中有这些情形会去提醒他吗？

____

考一考

骑电动车有哪些规定？

小链接

交通安全五不坐

1. 不坐超载的机动车。
2. 不坐无牌无证、报废的机动车。
3. 不坐非法营运机动车。
4. 不坐未经检验合格的机动车。
5. 不坐货运车辆、农用车辆、拖拉机。

交通安全五不准

1. 不准无证驾驶机动车。
2. 不准闯红灯。
3. 不准在公路上扶身并行，相互追逐、曲折竞驶或突然猛拐。
4. 不准翻越护栏。
5. 不准在公路上玩耍。

四、谨防火灾、水灾和自然灾害

考一考

必答题

1. 发生火灾拨通“119”后，应向“119”报告哪些情况？

2. 扑救电器火灾应首先做什么？

3. 面对火灾时，我们该如何逃生自救？

4.怎样使用干粉灭火器？

5. 未成年人发现有人溺水，应该选择哪种方法救人？

____

____

比一比

抢答题

1. 当遇到火灾时，要迅速向（　　）逃生。

A. 着火相反的方向　　B. 人员多的方向　　C. 安全出口的方向

2. 当你被大火困在室内，无法通过楼梯逃生时，你会选择？（　　）

A. 跳楼逃生　　B. 用床单结绳下滑逃生　　C. 固守室内等待救援

3. 下列答案中属于遵守交通法规的行为是（　　）。

A. 穿越隔离带　　B. 在车行道上滑滑板

C. 在机动车前排乘坐，系安全带

4. 上体育课时容易导致伤害事故的做法是（　　）。

A. 听从教师指挥完成规定动作　　B. 在指定区域内有序开展活动

C. 离开教师的保护，擅自做有危险的器械动作

5. 在有人行道的路上，你应该（　　）。

A. 走人行道　　B. 走非机动车道　　C. 随心所欲，哪儿没车走哪儿

6. 游泳时要注意（　　）。

A. 要了解水情，不到危险区域游泳

B. 凭着高水平可以到有防护措施以外的区域游泳

C. 要做好热身准备，避免出现抽筋等症状

7. 遇到不了解的网友约你见面时，你应该怎么办？（　　）

A 欣然前往　　B. 无所谓　　C. 保持高度警觉，不去见面

8. 食品标签上必需标注的内容是（　　）。

A. 保质期、生产日期　　B. 详细的厂址及企业名称　　C. 以上都必须有

9. 加工熟食品时应烧熟煮透，加工时的食品中心温度应不低于（　　）。

A. 60℃　　B. 70℃　　C. 80℃

10. 乘坐出租车要在车停稳后从（　　）车门下车。

A. 左边的　　B. 右边的　　C. 随意的

演一演

安全演练

【游戏规则】

学生分成4组，根据抽到的题目进行逃生演练。

1. 如何逃离火海。
2. 正上课，地震发生了。
3. 在郊外露营遭遇毒蛇。
4. 被毒蛇咬伤。

【游戏收获】

通过这些小游戏，请你总结出一些逃生的技巧或者方法。

听一听

欣赏歌曲《投入生命》

【见电子资源包“第十一单元”→“模块二”文件夹。】

安全是我们生活中极为重要而又很容易被忽视的问题，处理不当往往给我们带来烦恼，甚至带来终身的悔恨。同学们是祖国的接班人，是国家的希望和未来。安全教育直接关系到同学们能否健康的成长，关系到广大群众的切身利益，关系到社会的稳定，关系到民族的兴旺和国家的前途。因此，同学们一定要让安全系着你我他，健康快乐地度过每一天！

活动感言

活动延伸

以小组为单位出一期安全手抄报。

模块三　环保意识

保护美好家园

活动导航

熟视无睹

钓鱼者的困惑

这两幅漫画说明了什么？给我们什么启发？

____

____

活动设计

一、设计背景

人类与自然的关系是共存的，而不是征服关系。我们必须倡导一种人与自然和谐相处的观念，提高环保意识，践行低碳生活。创建绿色和谐家园，要我们从现在做起，从身边做起。

二、活动目标

1. 唤起同学们对日益遭受破坏的地球环境的清醒认识，牢固树立保护环境意识。
2. 激发同学们爱护环境的情感，理解“保护环境，人人有责”的深刻内涵。
3. 养成热爱自然、珍爱生命、与自然和谐发展的美好情感。
4. 培养同学们逐步形成关注环境、积极投身环保活动、养成低碳生活的良好习惯。

三、活动形式

感悟探究、知识竞赛、小型辩论会、小组讨论。

四、活动地点

教室。

五、活动准备

1. 同学们从图书、报刊、广播、电视和网络上搜集、查询有关环境保护的各种资料。
2. 多媒体教学设备。

活动过程

一、家园在呻吟

看一看

观看视频《丹顶鹤》

【见电子资源包“第十一单元”→“模块二”文件夹。】

“走过那条小河，你可曾听说，有一位女孩，她曾经来过。走过这片芦苇坡，你可曾听说，有一位女孩，她留下一首歌。为何片片白云，悄悄落泪？为何阵阵风儿，轻声诉说……”这是唯一一首扎龙自然保护区所有村民都熟悉的歌曲。当地电视台、广播电台每天都要播放这首歌，每当村民们听到这支旋律悲伤的乐曲，就会想起一个永远沉睡在异地他乡的扎龙女儿———徐秀娟。

扎龙是徐秀娟的故乡，也是丹顶鹤的故乡。徐秀娟对故乡的记忆中到处都有丹顶鹤飘逸飞翔、引吭高歌的影子，她在吉林农学院毕业后主动提出要回到故乡，做保护丹顶鹤的工作。然而，一个风雨交加的黑夜，为了拯救一只受伤落水的丹顶鹤，她冒着暴雨泅水渡河，不幸溺水身亡……据说，当第二天村民们从河中打捞出徐秀娟的遗体时，两只丹顶鹤徘徊在她的身边，不停地低下带着红冠的头，用长长的尖缘整理着她湿淋淋的衣服……徐秀娟能否知道：她和丹顶鹤的故乡，我国最大的湿地———扎龙自然保护区曾被大火烧了整整59天？丹顶鹤飞走了，它们飞到了哪里？

扎龙在历史上水源是比较丰富的，但是近年来因环境因素（如黑龙江西部经常性的春季干旱）以及人为因素（如乌裕尔河中上游大量的农业开发）造成河水进入湿地的减少。湿地大量缺水，导致比较容易发生荒火。2001 年 35 万亩芦苇过火，湿地的生态平衡发生变化，丹顶鹤等大型禽鸟的栖息与繁殖受到了影响。

说一说

我们面临的环境问题有哪些？给我们的生活带来了哪些不便？长此以往，我们的生存环境将变成什么样？

____

____

二、家园的困惑

找一找

看环境遭受破坏的图片，找一找原因。

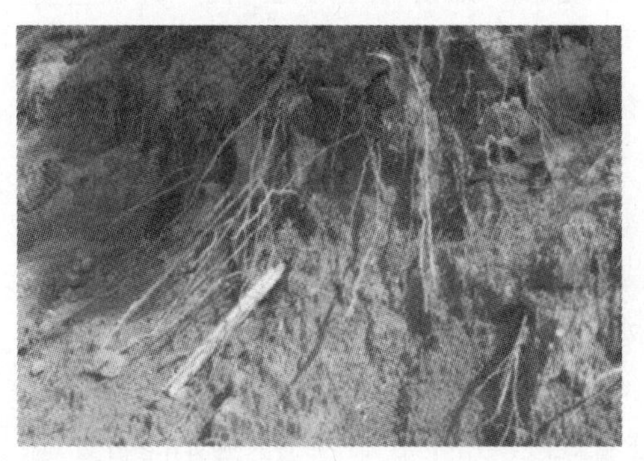

辩一辩

发展与环境保护哪个更重要

发展是人类社会的永恒主题。近年来，随着科学技术的发展，人类改造自然的能力越来越大，生产力明显提高，经济得到迅速发展。但是，随即而来的是对自然的破坏和对资源的过度开发与消耗，使得环境变得越来越恶劣。你是如何看待发展与环境保护之间的关系的？

主要观点：____

____

三、共护绿色家园

地球生物圈是全人类赖以生存和发展的共同家园，世界是一个不可分割的整体，空间上的距离和国家的边界对环境灾难是没有约束力的。环境问题没有国界，是全球性问题，各国的环境问题可以相互影响、相互作用，现在地球的环境可以说是日益下降。所以，改善环境、保护地球是我们每个人义不容辞的责任。

答一答

环保知识抢答

1. 世界上越来越多的人投入到保护环境的行列中。你们知道“世界环境日”是每年的哪一天吗？
2. 为加强环境保护，我国颁布了哪些法律法规？
3. 同学们都知道植树造林的重要性，那么植树节是每年的几月几日？
4. 举出两种以上的白色污染。
5. 人类目前面临哪些环境问题？至少说出 3 种。
6. 大气臭氧层的破坏直接导致哪种癌症的发病率增加？
7. 无污染能源主要有哪些？
8. pH 值少于多少的雨水称为酸雨？
9. 请说出两种城市垃圾的处理方法。
10. 噪声污染是指多少分贝以上的噪声环境？

议一议

小组讨论：消除哪些不良行为，我们才能更好地保护周边的环境？

____

____

____

写一写

环保宣言

◆节约用水：我承诺______________________________

◆节约用电：我承诺______________________________

◆节约用纸：我承诺______________________________

◆少使用塑料制品：我承诺__________________________

◆不使用一次性筷子：我承诺________________________

◆拒绝使用含汞的干电池：我承诺____________________

◆保护植物：我承诺______________________________

◆节约粮食：我承诺______________________________

◆爱护公物：我承诺______________________________

◆保护环境卫生：我承诺__________________________

听一听

欣赏歌曲《冬天不再下雪》

【见电子资源包“模块十一”→“模块三”文件夹。】

冬季不下雪

有一天冬季不再下雪
北极熊无家可归，哦 BABY
那爱斯基摩人也需要
为了抢购冷气排队，哦 BABY
有一天冰山又变海水
我们的危险就会只涨不会退
今天你上班的办公室
明天是鲨鱼的房间
你是否惭愧　在不小心的时候种下地雷
伤害了这一切
蓝天和小雨滴、阳光和绿草地
也会犹豫 也会生病
小孩也懂得这个道理
长颈鹿、黑猩猩、大象、乌龟、猫头鹰
红着眼睛却依然相信这世界
总会找回良心

有一天空气需要花钱
随便的呼吸实在有一点危险
就像你现在喝矿泉水
一罐就卖给你十元
你是否惭愧 在不小心的时候种下地雷
伤害了这一切
蓝天和小雨滴、阳光和绿草地
也会犹豫 也会生病
小孩也懂得这个道理
长颈鹿、黑猩猩、大象、乌龟、猫头鹰
红着眼睛却依然相信这世界
总会找回良心
蓝天和小雨滴、阳光和绿草地
也会犹豫 也会生病
小孩也懂得这个道理
长颈鹿、黑猩猩、大象、乌龟、猫头鹰
红着眼睛却依然相信这世界
总会找回良心

同学们，在中国第一太空人杨利伟进入太空后所拍摄到的画面中，我们看到人类居住的家园——地球是一个如此美丽迷人的蔚蓝色星球，多少代祖辈在这颗伟大的星球上繁衍生息，多少辉煌在这颗美轮美奂的星球上诞生，为了让更多的子孙后代能够拥有这壮美星球的自豪，让我们携手用可持续发展的眼光和实际行动来维护这一神圣使命，期待我们的家园会更好！

活动感言

活动延伸

1. 请同学们利用课余时间搜集废电池，为环保尽自己的一份义务。
2. 请同学们收集环保公益广告词。

第十二单元

民族精神

模块一　不忘国耻

勿忘国耻，牢记使命

活动导航

观看视频《不能忘记的历史》

【见电子资源包“第十二单元”→“模块一”文件夹。】

同学们知道这段视频反映的是哪个历史事件吗？说说你自己看了这段视频的心理感受。

____

____

____

____

活动设计

一、设计背景

热爱祖国是一种深厚的感情，每个人都有自己的祖国。“以史为鉴，勿忘国耻；爱我中华，强我国防”，落后就要挨打，曾经的国耻是每个中华儿女心中永远的痛。每一位中华儿女都要奋发图强，为建设富强的中国努力奋斗。作为当代中职生，应该了解祖国的兴衰历史，激发热爱祖国的热情，树立学好知识技能、报效祖国的远大理想。

二、活动目标

1. 回顾历史，牢记中华民族曾经承受过的深重灾难，激发同学们的爱国热情。

2. 领会落后就要挨打的历史教训，正视当前现实，反对霸权，牢固树立为中华民族的伟大复兴而努力奋发的坚定信念。

3. 树立以民族发展大计为重，刻苦学习知识技能，努力拼搏，报效祖国的理想信念。

三、活动形式

感悟探究、小组探讨。

四、活动地点

教室。

五、活动准备

1. 搜集资料，组织素材。

2. 多媒体教学设备。

活动过程

一、勿忘国耻——野蛮的侵略

翻开中华民族的史册，回首千年历史。这是一部凝聚着民族精神的鸿篇巨制，每一个炎黄子孙都不能忘却，因为我们要更好地发展。列宁说："回忆过去不是为了缅怀过去的痛苦，而是要承受新的使命。"同学们，切莫忘记耻辱，让先辈们的热血在我们身上延续流淌，让先辈们那种刚毅不屈的精神回到我们身上。

学一学

你了解中国近现代史上所遭受的外来侵略吗？

1840年，大英帝国用坚船利炮打开了古老中国的大门。鸦片战争、中法战争、中日甲午战争、八国联军侵华，成了中华民族的灾难。

1856 年，英国提出修改中英《南京条约》，但遭清政府拒绝。英国借此挑起了第二次鸦片战争，这次英法联军出兵侵略中国，美俄是帮凶。

第二次鸦片战争中国战败后，清政府被迫于 1858 年先后与俄（6 月 13 日）、美（6 月 18 日）、英（6 月 26 日）、法（6 月 27 日）签订《天津条约》，与俄签订《瑷珲条约》。

1860年，英法联军再度攻占天津，一路烧杀抢劫，咸丰帝逃往承德避暑山庄。他的弟弟恭亲王奕訢担任议和大臣，留守北京。英法联军洗劫并焚毁了北京西郊举世闻名的皇家园林圆明园，占领了北京，并强迫清政府签订《北京条约》。

1883～1885 年，中法战争，签订《中法新约》，标志着中国西南的门户被打开了。

1894 年，甲午中日战争，中国战败。1895 年，《马关条约》的签订大大加深了中国社会的半殖民地化。

1900年，帝国主义国家为了镇压义和团起义，维护在中国的利益，发动八国联军侵华战争。1901 年，《辛丑条约》的签订标志着中国半殖民地半封建社会的形成。

1919 年初，英、法、美等国在法国巴黎召开所谓的"巴黎和会"。中国也是战胜国之一，也派代表出席"巴黎和会"，但中国代表在会上提出的合理要求被拒绝。

1931年，日本帝国主义发动九一八事变，中华民族面临着严重的民族危机，全国抗日救亡运动不断高涨。

1935 年，日本发动华北事变，中日民族矛盾上升为全国主要矛盾。

1937年，日本帝国主义发动七七事变，中华民族全面抗战从此开始。中国人民经过八年浴血奋战，终于第一次取得了近代以来反侵略战争的彻底胜利。

议一议

分组讨论：曾经的中国如何挨打？挨了谁的打？为什么会挨打？

分组讨论：中国怎样才能不挨打？

二、勿忘先烈——不屈的反抗

林则徐振臂一呼，愤怒地点燃了虎门销烟的烈火；抗日英雄方振武面对强敌发出了“宁为战死鬼，不作亡国奴”的怒吼；少年周恩来10多岁就写下了“为中华之崛起而读书”的誓言。这是中华民族最炽热的精神，是中华民族最高尚的情操，是一个民族向世界袒露的最伟大最高贵的灵魂，是一个民族尊严的最集中的体现。

看一看

【教师展示中国人民反抗侵略的图片。见电子资源包“第十二单元” →“模块一”文件夹。】

议一议

中国人民面对外族入侵表现出了怎样的民族精神？

说一说

说一说中国人民反抗日本侵略的故事、历史事件。

说一说中国人民反抗侵略的著名人物。

作为新世纪的中职生，我们该如何做？

小链接

弘扬中华民族精神的名人名言

利于国者爱之，害于国者恶之。

——晏婴

常思奋不顾身，而殉国家之急。

——司马迁

爱国如饥渴。

——班固

捐躯赴国难，视死忽如归。

——曹植

近乡情更切，不敢问来人。

——宋之问

气蒸云梦泽，波撼岳阳城。

——孟浩然

中夜四五叹，常为大国忧。

——李白

国耻未雪，何由成名？

——李白

当须徇忠义，身死报国恩。

——李希仲

先天下之忧而忧，后天下之乐而乐。

——范仲淹

欲把西湖比西子，淡妆浓抹总相宜。

——苏轼

以身许国，何事不敢为？

——岳飞

夜视太白收光芒，报国欲死无战场！

——陆游

位卑不敢忘忧国。

——陆游

一身报国有万死，双鬓向人无再青。

——陆游

死去原知万事空，但悲不见九州同。王师北定中原日，家祭无忘告乃翁。

——陆游

人生自古谁无死，留取丹心照汗青。

——文天祥

天下兴亡，匹夫有责。

——顾炎武

南北驱驰报主情，江花边草笑平生。一年三百六十日，都是横戈马上行。

——戚继光

瞒人之事弗为，害人之心弗存，有益国家之事虽死弗避。

——吕坤

各出所学，各尽所知，使国家富强不受外侮，足以自立于地球之上。

——詹天佑

做人最大的事情是什么呢？就是要知道怎样爱国。

——孙中山

寄意寒星荃不察，我以我血荐轩辕。

——鲁迅

惟有民魂是值得宝贵的，惟有它发扬起来，中国人才有真进步。

——鲁迅

我们中华民族有同自己的敌人血战到底的气概，有在自力更生的基础上光复旧物的决心，有自立于世界民族之林的能力。

——毛泽东

与其忍辱生，毋宁报国死。

——何香凝

锦绣河山收拾好，万民尽做主人翁。

——朱德

唱一唱

全班合唱《万里长城永不倒》

【见电子资源包“第十二单元”→“模块一”文件夹。】

万里长城永不倒（作词：卢国沾）

昏睡百年国人渐已醒，睁开眼吧小心看吧，哪个愿臣虏自认，因为畏缩与忍让，人家骄气日盛，开口叫吧高声叫，这里是全国皆兵，历来强盗要侵入，最终必送命。万里长城永不倒，千里黄河水滔滔，江山秀丽叠彩锋岭，问我国家哪像染病，冲开血路挥手上吧，要致力国家中兴，岂让国土再遭践踏，个个负起使命。万里长城永不倒，千里黄河水滔滔，江山秀丽叠彩锋岭，问我国家哪像染病，冲开血路挥手上吧，要致力国家中兴，岂让国土再遭践踏，这睡狮已渐已醒。

历史承载着一个民族的精神，只有记住历史，才能全面提升人的精神。现在的和平来之不易，我们应该把握现在的幸福生活。作为新时期的中职生，虽然已不需要在战场上抛头颅、洒热血，但我们不能忘记那段耻辱的历史。我们要学习先烈们的爱国主义精神，把强烈的爱国热情化为强国的巨大力量，不要忘了“落后就要挨打”的历史教训，要付出努力和艰辛去学好知识。我们现在只有用知识武装自己，用技能铸就一身钢筋铁骨，将来才能去支撑共和国的大厦，才能把我们国家建设得更强大，才能维护国家稳定的政治局面，为实现中华民族的伟大复兴而共同努力。 前事不忘，后事之师；以史为鉴，开创未来！让创新进取的步伐始于同学们的足下，因为祖国正等待你我去书写更加辉煌的乐章！

活动感言

活动延伸

1. 观看电影《南京大屠杀》。
2. 以“勿忘国耻 牢记使命”为主题撰写一期黑板报。

模块二　盛世中国

继往开来，耀我中华

活动导航

观看视频《建国60周年阅兵大典（片段）》

【见电子资源包“第十二单元”→“模块二”文件夹。】

看了这段视频，写下你想对祖国说的一句话。

活动设计

一、设计背景

自1949年新中国成立以来，新中国走过了光辉历程，像一条腾飞的巨龙，让国人自豪，让世界瞩目。通过让同学们了解中国的辉煌成就，加深同学们对祖国的热爱之情，培养同学们朴素而深沉的爱国情感，感悟爱国的深刻内涵，帮助同学们树立正确的世界观、人生观、价值观，从而明确自己作为炎黄子孙的光荣与作为中国人的责任，激发大家树立自强、自立、勤奋学习、为祖国建设增砖添瓦的远大理想。

二、活动目标

1. 让同学们了解新中国成立以来发生的天翻地覆的变化。

2. 加深同学们对祖国的热爱之情，增强民族自豪感和荣誉感。

三、活动形式

调查总结、分享体会。

四、活动地点

教室。

五、活动准备

1. 全班同学分成5个小组，分别对新中国成立以来各方面发生的变化、取得的成就进行调查，将收集的事例、数据、资料制作成课件，在活动中相互展示。

（1）第一组负责了解新中国成立以来经济方面发生的变化和成就。

（2）第二组负责了解新中国成立以来科学技术方面发生的变化和成就。
（3）第三组负责了解新中国成立以来文化、教育、体育方面发生的变化和成就。
（4）第四组负责了解新中国成立以来军事方面发生的变化和成就。
（5）第五组负责了解新中国成立以来学校所处的城市发生的变化。
2. 多媒体教学设备。

活动过程

一、祖国的变迁

赛一赛

1. 经济发展速度惊人
【第一组同学派代表就本组调查结果进行展示和讲述。】
你从第一组同学的展示中对祖国建设的经济方面成就有了哪些了解？

2. 科学技术硕果累累
【第二组同学派代表就本组调查结果进行展示和讲述。】
你从第二组同学的展示中对祖国建设的科学技术方面成就有了哪些了解？

3. 文化、教育、体育事业欣欣向荣
【第三组同学派代表就本组调查结果进行展示和讲述。】
你从第三组同学的展示中对祖国建设的文化、教育、体育方面成就有了哪些了解？

4. 军事地位不断提高

【第四组同学派代表就本组调查结果进行展示和讲述。】

你从第四组同学的展示中对祖国建设的军事方面成就有了哪些了解？

说一说

对于祖国建设在各方面所取得的成就，除了同学们展示的，你还知道哪些举世瞩目的成就？

小链接

我国现代化建设取得了举世瞩目成就的原因

改革开放以来，我国现代化建设取得了举世瞩目的成就。事实表明，只有社会主义才能发展中国。

我国之所以取得如此巨大的成就，原因主要有：第一，我国毫不动摇地坚持了党的基本路线，坚持了以经济建设为中心不动摇，从而使我国的经济实力、综合国力、人民生活水平上了一个新台阶。改革开放是我国现代化的强大动力，是决定当代中国命运重大而关键的抉择，通过体制改革建立了充满生机和活力的社会主义市场经济体制，解放和发展了生产力，实现人的全面发展。第二，社会主义作为我国的根本制度，使我国走上了独立、富强、民主之路，从而赢得了世界人民的尊重和信任。

二、身边的变迁

祖国发生了日新月异的变化，人民的生活水平有了显著提高，一座座现代化的城市迅速崛起，一个个商厦、工厂、高科技企业正遍地开花。

访一访

同学们知道我们现在生活的城市过去是怎样的吗？第五组的同学做了翔实的调查，大家就自己想了解的情况逐一向他们进行提问。

同学们提出的问题有哪些？

____

____

____

____

你通过简短的“访一访”活动，了解到我们生活的城市有哪些可喜的变化？

____

____

____

____

祖国和家乡的巨大变化给人民带来了幸福生活，我们目睹了街头、工厂、社区、学校的种种变化，从破破烂烂的草房到高耸入云的大高楼，从不平坦的土路到现在宽阔平坦的柏油路，从一辆辆破旧的自行车到现在一辆辆汽车……这些都象征着中国正一步步走向富强，人民的生活也似芝麻开花——节节高。同学们要珍惜今天的幸福生活，勤奋学习，不断充实自己，使我们的祖国更加繁荣富强，人民的生活更加幸福美好。

写一写

写出祖国和家乡变化让你感到幸福的十件事。

____

____

____

____

____

第29届夏季奥林匹克运动会在中华大地上成功举办，是人类历史上最伟大的一次聚会，也是中国人民的百年梦想，让世界人民更加了解中国，中国不再是“东亚病夫”，中国人已经迈步跨入体育大国的行列。2013年的雅安地震可以摧毁我们的家园，却动摇不了中华儿女们的意志，压不垮我们祖国的脊梁。它只会让我们变得更加成熟，让我们的祖国变得更加坚强。从灾难里走出来的民族是希望的民族，经过挫折磨砺的国家必将是奋起的国家。神舟七号载人航天飞行获得圆满成功，使中国人几千年的飞天梦想终成现实，中国成为世界上第三个将人类送入太空的国家，这不仅让我们看到了祖国在伟大建设实践进程中取得的重大突破，也让我们信心倍增，看到了祖国的经济实力、科技实力、国防实力和民族凝聚力的日趋增强。

我们坚信，在中华民族伟大复兴的征程上，还会出现一个又一个的辉煌！我们有理由相信，我们的生活会越来越富足，中国的明天会更好！

活动感言

____

____

____

____

活动延伸

我们生活的城市在发生变化，我们自己的生活方式和生活质量也处处发生着变化，那我们的生活究竟有哪些变化呢？请调查一下自己的爷爷奶奶、爸爸妈妈，从衣食住行几个方面撰写一篇以“我家的变化”为题的作文。

模块三　榜样人物

榜样的力量

活动导航

2002 年 10 月，中央电视台首次启动“感动中国 2002 年度人物”评选活动。这是国内媒体第一次以“感动中国”为主题评选年度人物，并一直举办至今。《感动中国》节目以评选出当年年度具有震撼人心、令人感动的人物为主打内容，向全国观众推出了许多人物，其中有徐本禹、高耀洁、田世国、丛飞、王顺友等来自民间的杰出人士，有成龙、濮存昕、刘翔、姚明等光彩耀人的明星，也有钟南山、袁隆平、桂希恩、黄伯云这样的睿智学者，更有张荣锁、魏青刚、洪战辉、黄久生这样的普通百姓。每个人物身上都有一种让观众感到心灵震撼的精神力量。《感动中国》被媒体誉为“中国人的年度精神史诗”。

你看过《感动中国》节目吗？看了多少年？你能说出几个感动人物的感人事迹吗？

____

____

____

____

____

活动设计

一、设计背景

榜样，是人生旅途上的航标。当我们在人生的旅途上默默行走的时候，总有一些榜样与我们同行，使我们渡过一个又一个险滩，跨越一个又一个艰难。学习榜样，塑造自我，这是个体成长的共同规律。雷锋、张海迪、张华、孔繁森这些响亮的名字代表了一种强音：榜样的力量是无穷的。他们具有一个共同的特点，以自己不朽的精神深深地打动了人们的心灵。他们都是平凡的人，他们又都是伟大的人，他们没有什么惊天动地的壮举，但他们的精神和人格给人们留下了不尽的财富，鞭策着千千万万的青少年攀登人生的巅峰。

二、活动目标

1. 使同学们明确榜样对人生的指引作用。

2. 用榜样人物事迹感动同学们，引导同学们从小事做起，用行动关爱社会、关爱校园、关爱他人。

3. 让同学们深刻领会奉献、感恩、榜样精神的真实内涵，时刻以榜样指引大家前进的方向。

三、活动形式

分享体会、小组讨论。

四、活动地点

教室。

五、活动准备

1. 收集榜样人物的事迹、图片、视频资料。

2. 多媒体教学设备。

3. 教师准备歌曲伴奏《感动中国》。

活动过程

一、榜样的力量

在新中国成立以来建设发展的各个时期，华夏大地涌现出无数感动中国的人物，他们有一个共同的名字：道德模范。例如：海内外为之景仰的中国航天之父钱学森；为党分忧、为民解难的人民信访员张云泉；不离不弃，用真情和热泪唤醒植物人丈夫的警嫂罗映珍；具有一团火服务精神的售货员张秉贵；宁可脏一人，换来万家净的时传祥；赶超世界一流，为中国工人争光的金牌工人许振超。

他们无比高尚又触手可及，他们是中华民族精神气质、道德风范的突出代表，是我们国家弥足珍贵的精神珍宝。

无论是在艰苦卓绝的条件下塑造的“上甘岭精神”，还是在改革开放时期凝聚成的“中国女排精神”，都能让人深刻感受到中华民族团结起来所迸发出的伟大力量；无论是甘于奉献的邓稼先，还是勇于挑战的杨利伟，都能让人深刻感受到坚持真理、坚持理想的光芒；无论是没有条件创造条件也要上的“铁人精神”，还是永远自强的“孟泰精神”，都能让人深刻感受到敢于胜利的精神高度；无论是一心要为人民治好沙丘的好书记焦裕禄，还是立志带领乡亲脱贫的王乐义，都能让人深刻感受到服务人民的强大道德支撑。尽管他们所处的年代不同，但他们共同为祖国构筑了一座永久的“精神大厦”。平凡的名字、平凡的面容背后是不平凡的坚持和不平凡的勇敢。他们或助人为乐，或见义勇为，或诚实守信，或敬业奉献，或孝老爱亲……他们是我们生命之路上的道德榜样，更是我们身边的平凡人。他们以一己之力，为这个社会带来融化在手心里的温暖，流淌在身边的感动。他们用人格力量感动社会，集中体现了中华民族的传统美德和优秀品质。他们像前进路上的明灯，引领整个社会在道德之路上前行。

想一想

以下 100 名榜样人物中，如果你熟悉他（她）并了解他（她）的事迹，请在括号里打“√”。

中国地质力学的创始人——李四光（　　）
钢铁是这样炼成的——孟泰（　　）
机械工业战线的排头兵——马恒昌（　　）
和中国人民在一起——马海德（　　）
中国的爱因斯坦——华罗庚（　　）
中国的导弹之父——钱学森（　　）
驮在轱辘车上的丰碑——白芳礼（　　）
从伐木模范到植树英雄——马永顺（　　）
最纯洁的淘粪人——时传祥（　　）
民心所向铸丰碑——谷文昌（　　）
中国航空上的中国心——吴大观（　　）
一团火的服务精神——张秉贵（　　）
国际主义的伟大战士——杨根思（　　）
县委书记的好榜样——焦裕禄（　　）
志愿军第一人——毛岸英（　　）
矿山铁人——马万水（　　）
常散馨香留人间——常香玉（　　）
中国工人阶级的杰出代表——王进喜（　　）
两弹是他的勋章——邓稼先（　　）
英烈化作罗布魂——彭加木（　　）
潜伏成功就是胜利——邱少云（　　）
舍身堵枪眼的志愿军战士——黄继光（　　）
国际共产主义好战士——罗盛教（　　）
一个人与一个村庄的神话——吴仁宝（　　）
中国民主制度的活化石——申纪兰（　　）
五十年红旗不倒——史来贺（　　）
集体主义精神的代名词——草原英雄小姐妹（　　）
小巷总理——谭竹青（　　）
一身堪比泰山重——向秀丽（　　）
向哥德巴赫猜想进军——陈景润（　　）
一心为公的楷模——罗健夫（　　）
全国纺织战线上的一面旗帜——赵梦桃（　　）
杂交水稻之父——袁隆平（　　）
抗击“非典”的英雄院士——钟南山（　　）

火红的小扁担精神——杨怀远 （　　）
当代毕异——王选 （　　）
人生难得几回搏——容国团 （　　）
新时期的铁人——王启民 （　　）
敦煌的女儿——樊锦诗 （　　）
为新中国追光的人——蒋筑英 （　　）
马背上的白衣天使——吴登云 （　　）
生命的价值由奉献来衡量——欧阳海 （　　）
永不凋谢的雷锋精神——雷锋 （　　）
全国知识青年的旗帜——邢燕子 （　　）
一不怕苦，二不怕死——王杰 （　　）
新时期农村党支部书记的榜样——王乐义 （　　）
一心为民谋福利——吴金印 （　　）
援藏干部的楷模——孔繁森 （　　）
政府和群众的连心桥——吴天祥 （　　）
做党的好孩子——刘文学 （　　）
人民的好儿子——刘英俊 （　　）
毛泽东思想武装起来的钢铁战士——麦贤得 （　　）
大爱细无声——林秀贞 （　　）
人民群众的贴心人——邱娥国 （　　）
连心桥上的贴心人——张云泉 （　　）
北塔山上的全能医生——李梦桃 （　　）
名扬世界的玉米大王——李登海 （　　）
当代产业工人的杰出代表——许振超 （　　）
一个时代的学习范本——赖宁 （　　）
辛苦我一人，方便千万家——徐虎 （　　）
工人发明家——包起帆 （　　）
压不弯的脊梁——达吾提·阿西木 （　　）
大孝至爱——谢延信 （　　）
炮兵英才——苏宁 （　　）
雪域高原上的生命使者——李素芝 （　　）
祖国的绿色种子——王有德 （　　）
蓝领专家——孔祥瑞 （　　）
大草原上的月光——廷·巴特尔 （　　）
中国青年的精神偶像——张海迪 （　　）
顽强拼搏的典范——中国女排五连冠群体 （　　）
百姓心中永远的丰碑——邓平寿 （　　）

永恒的白衣天使——叶欣　（　　）

生命的价值在于追求卓越——窦铁成　（　　）

完美诠释师者情操——孟二冬　（　　）

羌族雄鹰——邱光华　（　　）

你是通过什么途径了解到你熟悉的榜样人物及其事迹的？　（　　）

A. 教科书　B. 老师讲授　C. 媒体（电视、广播、网络等）　D. 其他________

看一看

观看幻灯片《榜样人物》

【见电子资源包“第十二单元”→“模块三”文件夹。】

写一写

课件中10位榜样人物有哪些品质是让你感动和学习的？

焦裕禄：________________

谭千秋：________________

钱学森：________________

华罗庚：________________

钟南山：________________

濮存昕：________________

郭明义：________________

从　飞：________________

张丽莉：________________

宋文骢：________________

虽然事迹不同，但他们坚定的理想信念、崇高的人生境界和无私奉献的精神永远值得我们学习。他们是民族的英雄、时代的先锋、祖国的骄傲！他们的名字如璀璨的明星，照亮了我们前行的道路，永远是我们学习的榜样！

二、榜样精神

每一位榜样人物都俨然成为一种精神的代名词，例如刘胡兰、江姐的坚贞不屈，投江八女的视死如归，方志敏的艰苦朴素，李大钊的大义凛然，白求恩的救死扶伤，王进喜的奋不顾身，雷锋的乐于助人，孔繁森的体贴入微，任长霞的英勇正义，文花枝的先人后己，马万水的刻苦奋斗，丁晓兵的严格自律，谭竹青的排忧解难……每一种精神都是生命进程的丰碑，指引后来人走向正确的方向。

议一议

榜样人物的持久而凝重的精神及其转化出的物质力量从何而来？

____

____

____

是什么样的情怀使榜样人物们造就了如此宏阔浩瀚的精神世界？

____

____

____

我们作为平凡的人一般无力去做一些感天动地的事情，了解了榜样人物后我们该怎么做？如果我们每个人都能为国家做些什么，为集体做些什么，为朋友和其他人做些什么，为家庭做些什么。显然，我们的祖国、集体、同胞和家庭就会越来越好。榜样精神不仅让我们敬仰和敬畏，还需要我们继承、发扬和坚守，因为精神永存，在过去、现在、将来都熠熠生辉。

唱一唱

全班合唱《感动》

【见电子资源包“第十二单元”→“模块三”文件夹。】

感动（作词：韩红）

用第一抹光线的纯净，为世界画一双眼睛；
用第一朵花开的声音，为世界唱一首歌曲；
用所有春天的消息，为你写下传奇；
用初次看见你时我的眼睛，流下幸福的泪滴。
感动你我，感动中国，这世界有爱才转动；
感动你我，感动中国，这世界有爱才永恒。
让第一个水滴的透明，留在你最深的心里；
让第一缕微风的清新，成为你最深的记忆。
用所有夜晚的月光，陪你迎来黎明；
用第一次想你时我的心情，写下祝福的话语。
感动中国，感动你我，这世界有爱才转动；
感动中国，感动你我，这世界有爱才永恒。

活动感言

活动延伸

阅读《感动中国的100位道德榜样人物》一书，并撰写读后感。

参 考 文 献

[1] 戴尔·卡耐基.卡耐基沟通的艺术与处世智慧[M].北京：中国华侨出版社，2012.

[2] 胡礼明.有一种智慧叫包容[M].北京：中国长安出版社，2008.